D0666511

Ce qu'il faut **savoir** avant de **mourir**

Catalogage avant publication de Bibliothèque et Archives nationales du Québec et Bibliothèque et Archives Canada

Izzo, John B. (John Baptist), 1957-

Ce qu'il faut savoir avant de mourir : découvrez ce qui compte vraiment, avant l'heure de votre mort...

Traduction de : The five secrets you must discover before you die.

ISBN 978-2-89225-682-6

1. Actualisation de soi. 2. Succès. 3. Bonheur. I. Titre.

BF637.S4I9914 2009   158.1   C2008-942627-4

Adresse municipale :
Les éditions Un monde différent
3905, rue Isabelle, bureau 101
Brossard, (Québec), Canada J4Y 2R2
Tél. : 450 656-2660 ou 1 800 443-2582
Téléc. : 450 659-9328
Site Internet : www.unmondedifferent.com
Courriel : info@umd.ca

Adresse postale :
Les éditions Un monde différent
C.P. 51546
Succ. Galeries Taschereau
Greenfield Park (Québec)
J4V 3N8

Cet ouvrage a été publié en langue anglaise sous le titre original :
THE FIVE SECRETS YOU MUST DISCOVER BEFORE YOU DIE
Published by Berrett-Koehler Publishers, Inc.
235 Montgomery Street, Suite 650
San Francisco, CA 94104-2916
Tel : (415) 288-0260 ; Fax : (415) 3662-2512
www.bkconnection.com
Tél. : 1-800-929-2929

Dépôts légaux : 1er trimestre 2009
Bibliothèque nationale du Québec
Bibliothèque nationale du Canada
Bibliothèque nationale de France

Conception graphique de la couverture :
OLIVIER LASSER

Version française :
JOCELYNE ROY

Photocomposition et mise en pages :
ANDRÉA JOSEPH [pagexpress@videotron.ca]

Typographie : Baskerville 12,6 sur 16 pts

Nous reconnaissons l'aide financière du gouvernement du Canada par l'entremise du Programme d'aide au développement de l'industrie de l'édition pour nos activités d'édition (PADIÉ).
Gouvernement du Québec – Programme de crédit d'impôt pour l'édition de livres – Gestion SODEC.

Imprimé au Canada

John Izzo, Ph.D.

Ce qu'il faut **savoir** avant de **mourir**

Découvrez ce qui compte vraiment,
avant l'heure de votre mort...

UN MONDE DIFFÉRENT

Je dédie ce livre à Henry Turpel,
mon grand-père,
dont je porte l'anneau et
je perpétue la mémoire

Table des matières

Remerciements

Je tiens à remercier plusieurs personnes qui m'ont apporté leur aide et leur soutien dans le cadre de mes recherches et lors de la rédaction de cet ouvrage.

Ce livre est basé sur une série télévisuelle que j'ai conçue pour le canal spécialisé Biography et intitulée *Les cinq perles de sagesse qu'il faut connaître avant de mourir*. Sans cette série d'émissions télévisées, ce livre n'aurait peut-être jamais vu le jour. Je remercie Leslie Sole, de Rogers TV, qui a été le premier à croire à ce projet et à la sagesse contenue dans mon message. Merci à toute l'équipe de Rogers/Biography, incluant Tom, Stan et Teo qui ont consacré de nombreuses heures à produire une émission dont je suis très fier.

Merci à Steve Piersanti, de Berrett-Koehler, pour avoir cru en mes talents d'écrivain et en la sagesse que ce livre apportera au monde. Steve incarne un grand nombre des principes exposés dans ce livre, tout comme Berrett-Koehler, l'entreprise à la création de laquelle il a participé.

Merci à Ann Matranga, dont la rétroaction et les commentaires sur mon écriture ont grandement contribué à améliorer ce manuscrit.

Merci à mes compagnons de recherche Leslie Knight et Olivia McIvor qui, à eux deux, ont réalisé plus de 100 entrevues. Un merci tout spécial à Olivia qui a cru sans faillir à la valeur de ces témoignages et qui m'a encouragé à persévérer.

Merci à Elke, mon adjoint compétent et doué, qui m'a beaucoup aidé dans la préparation de mon émission et de mon livre. Tu as été l'ancre qui a permis à ce projet sur les « sages aînés » de progresser. Tes encouragements et ta foi en mon travail ont toujours eu une grande valeur à mes yeux (sans compter les milliers de façons dont tu m'as aidé jour après jour).

Un merci spécial à quelques bons amis qui continuent de m'encourager et qui m'ont appuyé tout particulièrement dans la réalisation de ce projet : Brad Harper, Josh Blair et Jeff VanderWeilen. Merci à Max Wyman qui est devenu mon mentor au milieu de ma vie et pour qui j'éprouve une profonde reconnaissance. Merci à mon ami Jeremy Ball (aussi connu sous les noms de JB et CC) qui m'a dit que « ma vie tout entière avait été une préparation à l'écriture de ce livre ». Nous sommes des âmes sœurs à travers le temps et l'espace.

Merci à mon grand-père, Henry Turpel, dont la vie m'a toujours inspiré et qui est décédé avant que j'aie pu puiser dans toute sa sagesse. J'ai le sentiment d'entendre sa voix dans celle de toutes les personnes très spéciales que j'ai interviewées.

Merci aux 235 personnes qui ont pris le temps de me raconter leur vie. J'aurais aimé pouvoir inclure l'ensemble de leurs témoignages dans cet ouvrage. Un grand nombre d'entre vous êtes devenus des amis et, comme vous me l'avez si bien rappelé : l'amitié est plus importante que tout. Je tiens à dire à tous ceux dont les propos n'ont pas été cités directement que leur sagesse a façonné le message que renferme ce livre.

Et surtout, je tiens à exprimer mes remerciements les plus sincères et ma gratitude à ma partenaire de travail et de vie, Leslie Nolin-Izzo, qui a produit l'émission de télévision et qui, j'en ai souvent l'impression, est la productrice déléguée de ma vie. Comme toujours, tu m'as mis au défi : « Fais bien les choses ou ne fais rien du tout. » Tes commentaires sur mon écriture et sur ma vie ont sans cesse eu des effets positifs. Tu as toujours fait danser mon cœur et il danse encore.

John Izzo

Prologue

Le prologue d'un livre est comme une fenêtre qui s'ouvre pour le lecteur, lui donnant un aperçu de la vie intérieure de l'auteur. C'est une façon pour le lecteur de répondre à deux questions : « Pourquoi l'auteur a-t-il écrit ce livre ? Qu'est-ce que ce livre m'apportera ? »

J'ai écrit ce livre parce que j'ai cherché toute ma vie en quoi consiste une vie bien remplie et significative. Très jeune déjà, je voulais connaître les perles de sagesse qui me permettraient de bien vivre et de mourir heureux. Les chansons que j'aimais, les films que j'allais voir et les livres que je lisais avaient toujours trait à cette quête de ce qui compte vraiment. Plus que toute autre chose, j'espérais le découvrir avant de mourir. Mon père est décédé lorsque j'avais 8 ans et, pour cette raison, cette quête m'est apparue encore plus urgente. Mon père n'avait que 36 ans. La vie peut être courte et nous ne savons jamais combien de temps il nous reste pour découvrir les perles de sagesse du bonheur.

Tôt dans la vie, j'ai eu le privilège de passer du temps avec des gens mourants et d'observer que ces individus avaient des façons bien différentes de mourir. Certaines personnes terminaient leur vie avec un grand sentiment de satisfaction et peu de regrets. D'autres mouraient dans l'amertume ou habités d'une triste résignation en pensant à la vie qui aurait pu être la leur. Au début de la vingtaine, j'ai entrepris de comprendre ce qui distinguait ces deux groupes de gens.

Il y a de nombreuses années, une femme d'un certain âge appelée Margaret m'a raconté qu'elle avait essayé de vivre toute sa vie en songeant à «une vieille femme assise dans une berceuse sur sa véranda». Elle m'a dit que chaque fois qu'elle devait prendre une décision, elle imaginait qu'elle était cette vieille femme qui, sur sa véranda, se remémorait sa vie. Elle demandait alors à cette vieille femme de la conseiller sur la voie qu'elle devait emprunter. J'ai trouvé que c'était une image magnifique.

Une idée a commencé à germer dans mon esprit. Se pouvait-il que, à la fin de notre vie, nous découvrions des choses dont nous aurions pu grandement tirer profit si nous en avions été conscients plus tôt? Apprendrions-nous des choses importantes sur la vie et la quête du bonheur si nous parlions à des gens qui approchaient du crépuscule de leur vie et qui avaient trouvé le bonheur et un sens à l'existence?

Chaque fois que je m'apprête à faire un voyage, je choisis un hôtel à partir d'un site Web qui publie les commentaires de centaines de voyageurs, de gens qui y ont séjourné avant moi. C'est à travers leurs commentaires que je trouve la «bonne affaire». Au fil des ans, j'ai découvert de nombreux petits bijoux et j'ai évité des expériences désastreuses grâce à cette méthode toute simple. J'ai cru que je pourrais utiliser la même méthode pour découvrir les perles de sagesse qui permettent de bien vivre et de mourir heureux.

J'ai pensé que si j'arrivais à parler à des gens qui avaient trouvé le sens de la vie et à recueillir leurs témoignages, ces perles de sagesse me seraient dévoilées. Au cours de la dernière année, je me suis appliqué à dénicher des centaines de gens qui avaient connu une longue vie et trouvé le bonheur et la sagesse, et ce, dans le but de les interviewer et de découvrir ce qu'ils avaient appris à propos de la vie.

J'avais le sentiment que la plupart d'entre nous connaissent au moins une personne dont la sagesse pouvait être un enseignement pour les autres. J'ai commencé par demander à 15 000 personnes vivant un peu partout aux États-Unis et au Canada de me faire part de leurs recommandations. Je leur ai posé les questions suivantes : « Qui sont les sages aînés qui font partie de votre vie ? Qui connaissez-vous qui a vécu longtemps et qui a quelque chose d'important à nous enseigner à propos de la vie ? »

J'ai reçu de nombreuses réponses. Plus de 1 000 noms m'ont été proposés. Après des entrevues préliminaires, nous en avons retenu 235, formant ainsi un groupe diversifié de personnes qui étaient considérées comme sages par leurs proches. Je voulais apprendre l'histoire de ces gens et découvrir les perles de sagesse de la vie que nous devons connaître avant de mourir.

Les gens que nous avons interviewés étaient âgés de 59 à 105 ans. Ils étaient presque tous nord-américains, mais formaient cependant un groupe diversifié en matière d'ethnie, de culture, de religion, de région d'origine et de statut professionnel. Bien qu'un grand nombre d'entre eux aient connu beaucoup de succès dans leur vie, notre intention n'était pas de trouver des gens célèbres, mais plutôt des gens extraordinaires issus de tous les milieux. Du coiffeur du village au professeur; du propriétaire d'entreprise à l'écrivain ou à la personne au foyer; du prêtre au poète, du survivant de l'Holocauste au chef aborigène; du musulman à l'hindou, du bouddhiste au chrétien, au juif et à l'athée, nous avons cherché la réponse à ces questions: «Que devons-nous savoir à propos de la vie avant de mourir? Que peuvent nous apprendre ceux qui sont parvenus au crépuscule de leur vie?»

Nous avons réalisé des entrevues d'une durée d'une à trois heures avec chacune de ces personnes. Nous étions trois à nous partager cette tâche: Olivia McIvor, Leslie Knight et moi. Nous leur avons posé une série de questions dont vous trouverez la liste à la fin de cet ouvrage, des questions telles que: «Qu'est-ce qui vous a apporté le plus grand bonheur? Quels regrets avez-vous? Au cours de votre vie, qu'est-ce qui a été important et qu'est-ce qui s'est révélé futile? Quels ont été pour vous les principaux moments décisifs qui ont fait une différence dans la façon dont les choses se sont déroulées pour vous? Qu'auriez-vous aimé apprendre plus tôt?»

Ce livre est composé de quatre sections d'importance majeure. La première aidera le lecteur à comprendre la méthodologie que nous avons utilisée et la façon dont nous avons sélectionné et ensuite interviewé ces personnes. La deuxième section expose les cinq perles de sagesse que nous ont confiées ces 235 personnes sages. La troisième section traite des moyens dont nous pouvons mettre ces perles de sagesse en pratique dans notre vie; nous avons appris qu'il ne suffit pas de les connaître.

De fait, ce qui distingue ces gens des autres, c'est qu'ils ont intégré ces perles de sagesse à leur vie. La dernière section renferme la liste des questions que nous avons posées à chacune de ces personnes (des questions que, nous l'espérons, le lecteur se posera également et posera aux aînés qu'il connaît), ainsi qu'une liste des meilleures réponses qui nous ont été données à la question suivante: «Si vous pouviez donner un conseil tenant en une seule phrase à ceux qui sont plus jeunes que vous sur la façon de connaître une vie heureuse et significative, quel serait-il?» Finalement, j'explique dans l'épilogue comment ces entrevues ont changé ma vie.

L'écriture d'un livre fondé sur la vie de plusieurs centaines de personnes a été pour moi un véritable défi. Chaque vie est unique et présente des occasions d'apprendre qui le sont tout autant. Et comme j'ai pensé que la présentation de la vie de centaines d'individus pourrait représenter une lecture trop ardue pour le lecteur, j'ai choisi de présenter les expériences personnelles d'un plus petit groupe de gens (environ 50), des expériences représentatives de l'ensemble.

De plus, j'ai décidé de n'employer que leurs prénoms, et vous constaterez que des extraits du témoignage de plusieurs individus reviennent à certaines reprises, étant donné que leur vie aide à illustrer chacune des perles de sagesse. Bien que je ne présente que les témoignages d'un petit groupe, le lecteur doit savoir que, à quelques exceptions près, les cinq perles de sagesse étaient connues de tous les gens que nous avons interviewés. Dans une partie du chapitre 10 intitulée: «La perle de sagesse de la vie en une phrase ou moins», je partage avec le lecteur la sagesse d'un plus grand nombre d'individus.

Ce livre est destiné aux gens de tous les âges. C'est un livre pour les jeunes qui ne font qu'amorcer le voyage de la vie. Tout comme ceux qui maîtrisent l'art de la navigation sur l'Internet et s'en servent pour puiser dans les expériences d'autrui pour repérer des produits ou des destinations de voyage, j'espère que vous trouverez les témoignages de ces gens tout aussi fascinants. Il n'est pas nécessaire d'attendre la vieillesse pour trouver la sagesse ; on peut la découvrir beaucoup plus tôt.

Ce livre s'adresse également aux gens qui en sont au milieu de leur vie, comme moi, et qui souhaitent comprendre ce qui compte vraiment avant qu'il ne soit trop tard. C'est aussi un livre qui intéressera les aînés qui veulent réfléchir sur leur existence et découvrir des moyens de transmettre leur sagesse aux générations futures.

Le titre de ce livre, *Ce qu'il faut savoir avant de mourir*, n'a pas été choisi à la légère et est composé de deux éléments clés. Le premier repose sur l'hypothèse qu'il existe vraiment des «perles de sagesse» pour vivre pleinement. Lors des entrevues que j'ai réalisées, j'ai découvert que toutes les personnes heureuses et sages finissent à la longue par percevoir ces cinq perles de sagesse.

Le second, soit «avant de mourir», nous rappelle qu'il est urgent de découvrir ce qui compte vraiment. Lorsque j'ai proposé pour la première fois d'écrire un livre dans le titre duquel figurerait le mot «mourir», j'ai suscité de vives réactions chez de nombreuses personnes. Environ la moitié d'entre elles ont dit que le mot « mourir » dans le titre d'un livre était déprimant, alors que les autres l'ont qualifié de « nécessaire ». Elles ont dit que le terme « mourir » fait comprendre au lecteur qu'il est urgent de saisir ce qui compte vraiment dans sa vie.

De fait, l'un des commentaires que j'ai entendus le plus souvent a trait à la vitesse avec laquelle passe la vie. Nous continuons tous à croire que nous avons l'éternité devant nous pour entrevoir ce que nous devons savoir… Mais en fin de compte, le temps dont nous disposons est réellement limité.

Même si j'avais quelques idées bien précises sur ce que j'apprendrais lors de ces entrevues, je savais que, en tant que chercheur, il était crucial que je garde l'esprit ouvert. Nous devions poser des questions, nous devions tirer un enseignement des témoignages des gens à qui nous les posions, et alors seulement pourrions-nous prendre du recul et déterminer quelles bribes de sagesse universelle pouvaient être tirées de toutes ces réflexions sur la vie.

Toutefois, l'un des aspects les plus profonds de ce que nous avons appris est la clarté avec laquelle tout nous est apparu à la fin du processus. Malgré les nombreuses différences qui caractérisaient ces gens (l'âge, la religion, la culture, la profession, l'éducation, le statut économique), ils partageaient tous les mêmes perles de sagesse d'une vie bien remplie. Il semble que ce qui compte vraiment passe outre les frontières qui, comme nous le croyons souvent, nous séparent les uns des autres, comme la religion, la race ou le statut social.

Nous avons tous les trois été profondément émus par les entrevues que nous avons réalisées. Étant donné que nous ne fournissions pas les questions à l'avance, il y avait souvent un long silence entre celles-ci et les réponses. Et chacun d'entre nous a remarqué que ces silences nous poussaient nous-mêmes à réfléchir. «Qu'est-ce qui nous apporte le bonheur? Qu'est-ce qui compte vraiment? Lorsque nous arriverons au crépuscule de notre vie, comment répondrons-nous à ces questions? Qu'espérerons-nous avoir appris plus tôt?»

J'espère que vous vivrez la même expérience en lisant ce livre. J'espère que, à la lecture de ces témoignages, vous réfléchirez à votre vie et commencerez à entrevoir plus clairement la voie qui conduit à la plénitude et à la sagesse.

Il y a également un élément inachevé dans ma vie qui m'a poussé à réaliser ces entrevues. Mon grand-père a été l'une des personnes les plus sages qui aient gravité autour de moi. Tout le monde dans ma famille m'a dit que mon grand-père était un homme d'une grande sagesse qui avait trouvé le bonheur et dont la vie avait touché celle de nombreuses autres personnes.

Mon grand-père avait trois filles qu'il chérissait, mais il a toujours regretté de ne jamais avoir eu de fils. Lorsque je suis né, il a dit à ma mère: «John est le fils que je n'ai jamais eu, et je vais lui enseigner les perles de sagesse de la vie.» Mon grand-père a été emporté par une crise cardiaque alors que je n'étais encore qu'un jeune garçon. Je n'ai jamais pu lui poser les questions que je pose dans ce livre. Toutefois, dans la voix des 235 personnes dont je reproduis le témoignage, j'entends celle de mon grand-père. Je sais qu'il sourit, où qu'il se trouve maintenant.

Ce livre est fondé sur une unique prémisse : il n'est pas nécessaire d'attendre d'être vieux pour devenir sage. On peut découvrir les perles de sagesse de la vie à n'importe quel âge, et plus tôt nous le faisons, plus notre vie sera épanouie.

L'un des « sages aînés » à qui j'ai parlé a résumé la valeur de ce projet. Il m'a dit : « Si une seule personne découvre les perles de sagesse du bonheur ne serait-ce que quelques années plus tôt à cause de ce que vous faites, cela en aura valu la peine. »

Donc, j'espère que vous apprécierez le voyage. En ce qui me concerne, celui-ci a été joyeux, parfois émouvant, et au bout du compte extrêmement instructif. Mes conversations avec ces gens extraordinaires ont changé ma vie, et j'espère qu'elles changeront la vôtre.

CHAPITRE UN

Pourquoi certaines personnes trouvent-elles un sens à la vie et meurent-elles heureuses ?

« Quatre-vingt-dix pour cent de la sagesse consiste à être sage en temps opportun. »

– Theodore Roosevelt

« En face du vrai bonheur, les richesses valent l'ombre d'une fumée. »

– Sophocle

« Pourquoi certaines personnes trouvent-elles un sens à la vie et meurent-elles heureuses ? Quels sont les secrets du bonheur et d'une vie remplie de sagesse ? Qu'est-ce qui compte si l'on veut vivre une vie valorisante ? » Telles sont les questions auxquelles je tente de répondre dans ce livre.

Pour vivre avec sagesse, nous devons reconnaître qu'il existe deux vérités fondamentales dans la vie de tout être humain. La première, c'est que la durée de notre vie est limitée et indéterminée – elle peut durer 100 ans ou elle peut en durer 30. La seconde, c'est que pendant ce laps de temps limité et indéterminé, nous avons un choix pratiquement illimité de moyens d'utiliser ce temps, et ce sont ces choix qui définissent finalement notre vie. Nous ne naissons pas avec un manuel d'instructions, et l'horloge commence à faire tic-tac dès notre arrivée en ce monde.

Nous n'aimons pas les mots «mourir» et «mort». De nombreuses activités humaines sont conçues pour nous soustraire à la vérité qui entoure la vie; pour nous faire oublier qu'elle est limitée, que nous ne sommes pas éternels, du moins ici-bas. Certains d'entre vous ont peut-être hésité à acheter un livre dont le titre contient le mot «mourir», craignant d'une certaine manière que quelque chose de néfaste vous arrive parce que vous avez tout simplement admis la réalité de votre condition d'être mortel. Vous vous sentez peut-être un peu mal à l'aise en lisant ces mots, espérant même que je change rapidement de sujet.

Pourtant, c'est un fait que nous mourrons un jour et que le peu de temps dont nous disposons confère de l'importance à la découverte des perles de sagesse de la vie. Si nous vivions éternellement, il ne serait pas urgent de chercher la voie qui mène au bonheur et au sens de la vie puisque, jouissant du luxe qu'est l'éternité, nous finirions par la trouver un jour ou l'autre. Mais ce luxe ne nous est pas donné. Quel que soit notre âge, la mort est toujours une possibilité.

Lorsque nous sommes jeunes, la mort nous semble une réalité lointaine, mais ayant célébré de nombreuses cérémonies religieuses commémorant l'anniversaire du décès de personnes de tous les âges, dont récemment celui d'un ami qui a perdu la vie à l'âge de 33 ans pendant un voyage au Kenya, je sais que la mort n'est jamais bien loin, et qu'elle nous rappelle qu'il faut aller de l'avant. Le poète Derek Walcott qui vit à Sainte-Lucie, prix Nobel de littérature en 1992, a qualifié le temps de «mal bien-aimé».

En effet, d'une part, nous savons que le temps a un côté pernicieux, car il nous enlève un jour ou l'autre tout ce qui compte à nos yeux, du moins dans cette vie; d'autre part, il peut être «bien-aimé», car c'est notre caractère mortel qui donne un sentiment d'urgence et un but à la vie. Le temps dont nous disposons est limité et nous devons l'utiliser judicieusement.

La connaissance *versus* la sagesse

Pour jouir pleinement de cette vie, il faut davantage de sagesse que de connaissances. La sagesse est différente et fondamentalement plus importante que la connaissance. Nous vivons à une époque où les connaissances (le nombre de faits) doublent tous les six mois, alors que la sagesse est rare. La connaissance est l'accumulation de faits, alors que la sagesse est l'habileté à reconnaître ce qui a de l'importance et ce qui n'en a pas. Tant que nous ne découvrons pas ce qui compte, le véritable sens de la vie nous échappe.

Ma première profession a été ministre du culte de l'église presbytérienne. Pendant la vingtaine, j'ai eu le privilège de passer beaucoup de temps avec des mourants. Grâce à ces expériences, j'ai découvert que les êtres humains ne meurent pas tous de la même façon. Certaines personnes meurent après avoir connu une vie guidée par un but profond et avec peu de regrets. Ces personnes parviennent au crépuscule de leur vie avec le sentiment intime d'avoir pleinement vécu. D'autres meurent dans l'amertume, car elles sont passées à côté de ce qui compte vraiment. Même à ce jeune âge, j'ai réalisé que certaines personnes trouvent les perles de sagesse de la vie et que d'autres ne les découvrent jamais.

La mort n'a jamais été un concept abstrait pour moi. Mon père est décédé alors qu'il n'avait que 36 ans. Un jour, pendant un pique-nique, il s'est levé et puis voilà. Sa vie avait été loin d'être parfaite, et elle était soudain arrivée à son terme. Aucun retour en arrière n'était possible. En ce qui me concerne, à 28 ans, j'avais déjà célébré des dizaines de services funèbres et accompagné de nombreuses personnes pendant les derniers jours de leurs vies.

Je considère cette intimité avec notre caractère mortel comme un merveilleux cadeau. Et c'est peut-être à cause de ces expériences que j'ai toujours cherché les «perles de sagesse» d'une vie significative et gratifiante. Très jeune, j'ai fait le serment que lorsque mon heure viendrait, je n'exprimerais pas de regrets pour la vie qui aurait pu être la mienne.

Ma femme est infirmière de formation, et elle a également été témoin de la réalité de la mort alors qu'elle était encore très jeune. Elle travaillait dans les salles d'opération, au service d'oncologie pédiatrique et à l'urgence. Nous parlions régulièrement de la mort. Nous tentions de vivre en demeurant conscients de sa présence.

Leslie, ma femme, a frôlé la mort à quelques reprises. Elle est née avec une malformation cardiaque et a dû subir plusieurs interventions chirurgicales, la première alors qu'elle n'avait que quelques jours. Mais il y a trois ans, nous avons vécu des moments qui nous ont à nouveau rappelé la précarité de la vie.

Elle devait être hospitalisée afin de subir une intervention chirurgicale mineure qui ne mettait pas sa vie en danger. Encore aujourd'hui, je me rappelle que notre fille Sydney, qui avait alors 10 ans, a dit : « Maman, tu n'as pas vraiment besoin d'être opérée, n'est-ce pas ? » Leslie l'a rassurée et, le lendemain matin, elle a été hospitalisée.

Ce qui s'est passé pendant les 72 heures qui ont suivi demeure encore nébuleux dans mon esprit. L'intervention chirurgicale s'est bien déroulée, mais assommée par les relents de l'anesthésie, elle se sentait plutôt mal. Les enfants et moi sommes demeurés à son chevet jusque tard dans la nuit. Le lendemain, elle s'est sentie un peu mieux, et j'ai quitté sa chambre au début de la soirée afin qu'elle puisse se reposer, lui disant que j'avais quelques petites choses à régler au bureau et que je reviendrais la voir le lendemain vers midi. Nous nous attendions à ce qu'elle rentre à la maison dans un jour tout au plus.

Le lendemain, j'ai téléphoné à l'hôpital vers 11 heures, et ma femme m'a tenu un discours incohérent et confus. Je me suis précipité à l'hôpital où j'ai appris qu'elle avait eu un accident vasculaire cérébral pendant la nuit. Elle avait 37 ans. Elle voyait triple et elle a été transférée à l'unité de soins intensifs du service de neurologie. Plus tard ce jour-là, le neurologue m'a demandé de prendre la décision la plus difficile de ma vie. «Votre femme a eu un AVC et nous ne savons pas pourquoi. Nous devons maintenant décider si nous la mettons sous anticoagulothérapie. Cela pourrait lui sauver la vie, ou cela pourrait provoquer davantage de saignements, tout dépendant de ce qui a causé l'accident. La décision vous revient.» En me fondant sur l'information dont je disposais, j'ai autorisé la médication. Les quelques jours qui ont suivi ont été tendus et terrifiants.

Lorsqu'une telle chose arrive, nous la vivons chacun à notre manière. Je ne peux décrire l'expérience de ma femme, mais les mois qui ont suivi ont déclenché en moi un tourbillon d'émotions. J'étais très occupé et mon emploi du temps débordait de réunions et de tâches à accomplir. Même si Leslie était en convalescence à la maison, je continuais à m'occuper de toutes ces tâches et, avec le recul, je me rends compte que je n'étais pas là pour elle comme j'aurais aimé l'être. Je ne cessais de me demander : *«Est-ce vraiment la bonne façon de vivre ma vie? Qu'est-ce qui compte réellement?»*

Un ami, Jim Kouzes, m'a dit que «l'adversité nous permet de faire connaissance avec nous-mêmes», et je n'étais pas certain que cette personne que je découvrais en moi me plaisait. Alors que Leslie se remettait lentement et que j'observais avec tristesse sa lutte quotidienne pour retrouver sa capacité à accomplir les tâches toutes simples qui relevaient auparavant de l'automatisme, je réfléchissais péniblement au reste de ma vie. Cet AVC nous a non seulement rappelé à tous deux que la vie est fragile, mais il a également eu pour nous l'effet d'une sonnerie de réveil.

À la fin de l'année, l'état de Leslie était pratiquement revenu à la normale, et j'éprouvais une grande reconnaissance.

J'avais le sentiment que l'on m'avait accordé un sursis. Mais nous avions été secoués. Notre croyance en l'immuabilité de la santé et de la vie a été ébranlée par cette expérience. La vie est courte. Et j'ai commencé à me demander : *«Ai-je vraiment trouvé ce qui compte ? Si mon heure arrivait maintenant, pourrais-je dire que j'ai découvert les perles de sagesse de la vie ?»* À l'approche de la cinquantaine, et avec ma femme qui se remettait d'un accident vasculaire cérébral, j'ai entrepris un voyage dont je partage les étapes avec vous dans ce livre, un voyage afin de découvrir «les perles de sagesse».

Ce livre est né de mon désir de bien comprendre ce qui est important, de connaître les perles de sagesse d'une vie heureuse et significative. J'ai pris de l'âge, et j'ai de plus en plus le sentiment qu'il est urgent de me poser ces questions qui ont toujours été présentes dans mon esprit : *« Qu'est-ce qui compte ? Qu'est-ce que je penserai à la fin de ma vie ? Étant donné que mes jours sont comptés, de quelle manière puis-je les vivre avec sagesse ? Quels sont les secrets du bonheur et d'une vie qui a du sens ?»*

Les deux choses que nous souhaitons par-dessus tout

Il m'apparaît qu'il existe deux choses que nous souhaitons par-dessus tout en tant qu'êtres humains. Sigmund Freud a formulé la théorie selon laquelle les pulsions premières de l'être humain sont de chercher le plaisir et d'éviter la douleur. En ce qui me concerne, j'ai passé toute ma vie non pas auprès de patients psychiatriques, mais de milliers de gens sur de nombreux continents et j'ai recueilli leurs témoignages (tout d'abord à titre de ministre du culte et ensuite comme animateur de séances d'épanouissement personnel). Et je crois que Freud avait tort, vraiment tort.

Selon moi, les deux choses que les êtres humains veulent avant tout, c'est trouver le bonheur et un sens à leur vie. On donne souvent une connotation frivole au mot « bonheur », comme dans l'expression : « Ne te fais pas de soucis et souris » (ce qui équivaut à être béatement inconscient). On peut penser au bonheur comme à un état de bien-être temporaire apporté par des plaisirs tels que la bonne chère et le sexe.

Par « trouver le bonheur », je veux dire que chaque être humain souhaite faire l'expérience de la joie et d'un profond sentiment de satisfaction. Nous voulons savoir que nous avons vécu pleinement et connu ce que signifie réellement être un être humain. Joseph Campbell en parle ainsi : « Je pense que ce que nous cherchons est une expérience d'être vivant, de telle sorte que nos expériences de vie sur le plan purement physique auront des résonances à l'intérieur de notre être et de notre réalité la plus intime, afin que nous sentions dans l'instant présent le ravissement, l'extase et l'enchantement ». [1] (Il existe une version française sous forme d'enregistrement sonore pour les personnes ayant une déficience visuelle et il faut un appareil adapté pour l'écouter. *Puissance du mythe*, Montréal : La magnétothèque, 1994).

Cela ne signifie pas que le bonheur est un état de béatitude permanent, mais plutôt une satisfaction de tous les jours et la joie de créer cette expérience que nous appelons le bonheur. À la fin de chaque journée, et à la fin de notre

---

1. Joseph Campbell et Bill Moyers, *The Power of Myth*, New York, Anchor, 1991, p. 52.

vie, nous voulons éprouver ce que mon grand-père appelait une «bonne fatigue».

Mais le bonheur n'est pas assez pour nous, êtres humains. Je crois que nous voulons aussi découvrir le sens de la vie. Si le bonheur a trait à une expérience quotidienne de satisfaction et de joie, le sens de la vie a trait au sentiment que notre vie a un but. Victor Frankl, un élève de Freud et un survivant des camps de la mort nazis, estime que cette quête du sens de la vie est l'ultime pulsion de l'être humain.

Nous voulons, plus que tout, savoir que notre présence ici-bas est importante : trouver une raison d'être vivant. Certains appellent cela avoir un but précis ; d'autres disent que c'est laisser un héritage ou répondre à un appel. À mes yeux, le «sens de la vie» est d'abord une connexion, une relation avec une entité extérieure. C'est ne pas être seul, car si la vie a un sens, elle est nécessairement reliée à quelque chose et à quelqu'un qui existent au-delà du moi.

Le bonheur a trait aux moments de notre vie ; et le sens de la vie a trait au sentiment d'être relié à un tout. Peut-être que le seul bonheur nous suffirait si nous n'étions pas mortels, mais c'est le fait d'être mortels qui nous pousse à vouloir être connectés à quelque chose, à savoir que notre présence a une importance.

Mais comment trouver les secrets du bonheur et le sens de la vie ? Comment trouver les perles de sagesse qui nous permettront de bien vivre et de mourir heureux ?

Un grand nombre d'entre nous avance dans la vie en trébuchant, apprenant au fur et à mesure, et découvrant au bout du compte ce qui importe vraiment. Souvent, nous ne trouvons la sagesse qu'à un âge avancé, lorsque presque toute notre vie est déjà derrière nous, lorsqu'il est trop tard pour mettre en pratique ce que nous avons appris. Et si nous pouvions découvrir les secrets du bonheur et du sens de la vie avant d'être vieux ?

Je ne crois qu'il nous faut attendre la vieillesse pour devenir sage. J'ai le sentiment que les perles de sagesse de la vie sont tout autour de nous, qu'on peut les dénicher dans la vie des autres, de ceux qui ont trouvé ce que nous cherchons.

Dans cet ouvrage, je vous révélerai les cinq perles de sagesse que vous devez connaître avant de mourir. Ces perles de sagesse sont le fondement d'une vie bien remplie et significative. Ils sont un don de ceux qui ont vécu avec sagesse à ceux d'entre nous qui n'ont pas encore atteint le sommet de la montagne.

Ces perles de sagesse sont-elles vraiment mystérieuses ?

Pourquoi est-ce que j'appelle ces découvertes des « perles de sagesse » ? Normalement, on associe une perle de sagesse à quelque chose que peu de gens connaissent, mais il est fort possible que, en lisant ce livre, vous ayez le sentiment de déjà les connaître. Elles ne seront certainement pas une grande surprise pour vous. Le dictionnaire définit une perle de sagesse comme « une formule ou un plan connu de seulement quelques initiés ou par un nombre limité de personnes ».

Bien que vous en ayez peut-être déjà entendu parler, ce sont quand même des perles de sagesse parce que peu de gens semblent vivre comme si elles étaient vraies. Le secret, ce n'est pas que ces choses sont nouvelles, mais plutôt qu'elles sont universellement courantes parmi un groupe diversifié de gens qui, d'après leurs proches, ont découvert le bonheur et le sens de la vie.

Dans *Anna Karénine*, Léon Tolstoï écrit : « Les familles heureuses se ressemblent toutes ; les familles malheureuses sont malheureuses chacune à leur façon. » Pendant les entrevues que j'ai réalisées, j'ai constaté que les gens heureux, de par leur façon de vivre, connaissaient tous ces perles de sagesse. Plus important encore, j'ai découvert que ces gens connaissaient non seulement ces perles de sagesse, mais les avaient mises en pratique dans leur vie.

Toutefois, il ne suffit pas de connaître les perles de sagesse. Nous connaissons tous des choses que nous ne mettons pas en pratique : l'exercice est bon pour nous, une alimentation équilibrée est un gage de bonne santé, le tabagisme est néfaste, les relations sont plus importantes que les biens matériels, et ainsi de suite. Cependant, un grand nombre d'entre nous vit chaque jour en appliquant l'antithèse de la « sagesse » que nous possédons déjà.

Dans cet ouvrage, je cherche à répondre à deux questions : « Qu'est-ce qui compte vraiment (quelles sont les perles de sagesse d'une vie bien remplie et significative) ? Comment peut-on mettre ces perles de sagesse en pratique dans notre vie et ne pas dévier de notre route ? » C'est ce que j'appelle savoir pour agir. La connaissance est nécessaire, mais ce n'est pas assez.

Avant de vous confier les cinq perles de sagesse et de vous dévoiler les moyens de les intégrer à votre vie, j'aimerais que nous examinions ensemble les méthodes qui m'ont permis de les découvrir.

CHAPITRE DEUX

Pourquoi j'ai parlé de la vie au coiffeur du village (et à 200 autres personnes âgées de plus de 60 ans)

> «Par trois méthodes, nous pouvons apprendre la sagesse: d'abord, par la réflexion, qui est la plus noble; en second lieu, par l'expérience, qui est la plus amère; et troisièmement, par l'imitation, qui est la plus facile.»
>
> – Confucius

Imaginez un instant que vous planifiez des vacances dans un pays exotique et mystérieux, et que vous avez économisé toute votre vie pour vous offrir ce voyage. C'est une destination où les choix d'activités sont pratiquement illimités et vous savez d'ores et déjà que vous n'aurez pas le temps de tout voir. D'ailleurs, vous êtes persuadé que vous ne retournerez probablement jamais là-bas; c'est une occasion unique.

Maintenant, imaginez que quelqu'un vous dit que plusieurs de vos voisins ont visité ce pays, l'ont exploré de fond en comble. Certains d'entre eux ont aimé leur voyage et ont peu de regrets ; d'autres, sachant ce qu'ils savent maintenant, aimeraient bien retourner dans ce pays. Les inviteriez-vous à dîner, en leur demandant d'apporter des photographies, afin de les écouter raconter leur périple et leur demander des conseils ? Même si vous filtriez leurs propos en fonction de vos propres préférences, ce serait idiot de ne pas les écouter.

La vie est similaire à un tel voyage. Nous ne faisons le voyage de la vie qu'une seule fois, du moins sous cette forme (car ici s'arrête toute certitude). Nous avons à notre disposition un laps de temps indéfini et limité, et il y a autant de gens qui regrettent leur voyage que de gens qui en gardent un souvenir nimbé de bonheur. Pourquoi n'écouterions-nous pas ceux qui ont déjà fait ce voyage et qui peuvent nous enseigner ce qu'ils ont appris ? L'hypothèse sur laquelle j'ai fondé ce projet d'écriture est simple : si nous arrivons à trouver des gens qui ont vécu longtemps et qui ont trouvé le bonheur, alors nous pourrons découvrir les perles de sagesse qu'il nous faut connaître avant de mourir.

L'un de mes plus grands talents est que je me suis toujours intéressé aux autres. De parfaits inconnus se confient souvent à moi et me racontent leur vie peu de temps après m'avoir rencontré. Je crois que c'est parce que je possède cette qualité qui est de ne pas porter de jugements, et aussi parce que je crois que nous pouvons trouver la sagesse en écoutant les autres nous parler d'eux. J'ai entendu dire que : « La sagesse est la récompense que l'on obtient pour une vie consacrée à l'écoute alors que nous aurions préféré parler».

Comment nous avons sélectionné ces personnes sages

C'est peut-être parce que je crois que la sagesse vient de l'écoute que, lorsque j'ai entrepris de découvrir les perles de la sagesse et d'une vie gratifiante et révélatrice, je me suis tourné vers les témoignages d'autrui. J'ai adopté une méthode simple : j'ai commencé par demander à plusieurs milliers d'individus d'identifier et de décrire une personne qui avait vécu longtemps et qui, d'après eux, avait trouvé le bonheur et un sens à sa vie. J'étais persuadé que lorsque les gens trouvent le bonheur et un sens à la vie, leur entourage ne peut que le remarquer.

Plutôt que de tenter de définir ce que signifie le sens de la vie, j'ai pensé que si j'arrivais à trouver des gens qui l'avaient trouvé, mon équipe et moi arriverions à déceler les perles de sagesse qui les entourent. Il nous apparaissait également que si nous demandions aux gens de n'identifier qu'une seule personne qui avait vécu longtemps et qui avait trouvé un sens à sa vie, nous obtiendrions ainsi un échantillonnage vraiment exceptionnel de gens dont les témoignages et les réflexions nous guideraient vers les véritables perles de sagesse que nous cherchions à découvrir.

Nous avons donc demandé leurs suggestions à 15 000 personnes et avons été étonnés par le nombre de réponses reçues. Chaque matin, notre bureau était inondé de messages vocaux, de lettres et de courriels dans lesquels on nous parlait de parents, d'amis et de collègues qui « avaient vécu longtemps et qui avaient découvert ce qui compte vraiment ». Après une présélection, nous avons ramené notre liste à juste un peu de plus de 400 personnes, et après quelques autres entretiens, nous en avons finalement retenu 235.

Puis, nous les avons ensuite interviewées en personne ou par téléphone, et pendant des conversations d'une durée d'une à trois heures, nous avons tenté de découvrir ce qu'elles avaient appris de la vie. Nous leur avons posé à chacune une série de questions dont : « Qu'est-ce qui apporte le bonheur ? Qu'est-ce qui donne un sens à la vie ? Qu'est-ce qui est une perte de temps ? Que feriez-vous différemment si vous pouviez recommencer votre vie ? Quelles sont vos perles de sagesse, et comment les mettez-vous en pratique quotidiennement ? Quels sont les principaux moments décisifs qui ont donné une nouvelle orientation à votre vie ? Comment percevez-vous la mort ? » Nous nous sommes surtout attardés à l'évocation du déroulement de leurs vies et à leurs habitudes, et nous avons tenté de lire entre les lignes afin de déceler leurs perles de sagesse.

Ce qui est unique à propos de cet ouvrage n'est pas seulement que nous avons parlé de leur vie à un grand nombre de personnes âgées. Ce qui le distingue est plutôt le fait que ces personnes nous ont été présentées par des individus généralement beaucoup plus jeunes et qui croyaient qu'elles avaient trouvé le bonheur et le sens de la vie.

Étant jeunes, un grand nombre d'entre nous a côtoyé de sages aînés. Plus tôt dans la vie, comme beaucoup d'entre vous, j'ai croisé des personnes plus vieilles que moi qui semblaient connaître la vie : des grands-parents, un oncle ou une tante, ou un mentor. Il y a de fortes chances qu'un aîné ayant fait partie de notre vie connaissait «les» perles de sagesse. D'une façon ou d'une autre, ses années de vie avaient transformé ses connaissances en sagesse. Les faits reliés à la vie avaient transcendé la simple connaissance. Mon grand-père était l'une de ces personnes. J'avais le sentiment qu'il savait quelque chose de spécial à propos de la vie, qu'il avait découvert ce qui compte vraiment.

Je crois que nous sommes entourés de «sages aînés». Il nous suffit d'ouvrir les yeux. Et ils ont beaucoup à nous apprendre. Le lien solide qui se tisse entre un grand-parent et son petit-fils ou sa petite-fille s'explique souvent par le fait que l'enfant sent intuitivement la relation qui existe entre l'âge et la sagesse.

Bien entendu, nous découvrons également tôt dans la vie que ce ne sont pas *toutes* les personnes âgées qui sont sages. Bien que la sagesse soit souvent associée avec l'âge, la vieillesse n'est pas toujours un gage de sagesse. Un grand nombre d'entre nous connaît, ou a connu, des personnes âgées qui nourrissaient de l'amertume envers la vie et qui ne semblaient pas avoir beaucoup appris au fil des nombreuses années qu'elles avaient vécu. Sachant cela, j'ai parlé non seulement à des gens qui avaient connu une longue vie, mais aussi à ceux qui voyaient en eux la sagesse, que je définis comme *la capacité à discerner ce qui compte vraiment et à l'intégrer à sa vie*.

Nos aînés sont précieux

Dans notre société, il n'est pas très courant que l'on se tourne vers nos aînés pour modeler notre vie. Notre culture est axée sur la jeunesse, et nous accordons une grande valeur à ce qui est nouveau et actuel (que ce soit un ordinateur portable, une voiture ou un individu). Alors pourquoi nos aînés sont-ils si précieux? Si nous sommes jeunes ou d'âge mûr, pourquoi nous tourner vers nos aînés pour découvrir les perles de sagesse de la vie? Pourquoi ne pas parler à des gens de tous les âges qui semblent être heureux?

Il y a un proverbe roumain qui dit: «Le foyer qui n'abrite pas une personne âgée devrait en acheter une.» Ce n'est pas sans raison que, depuis des millénaires, les cultures humaines vénèrent les personnes âgées. Une durée de vie de 75 ans, à 20 ans près, ne représente pas beaucoup de temps pour acquérir la sagesse à travers l'expérience (la méthode amère dont parle Confucius).

Pendant l'année qui vient de s'écouler, j'ai eu le privilège de passer beaucoup de temps auprès de plusieurs tribus en Tanzanie. C'est en côtoyant ces gens qui honorent leurs aînés que j'ai eu l'idée de ce projet. Dans l'une de ces tribus, les Irak (et non Iraq), un individu est admis au conseil des aînés à l'âge de 50 ans. Il y a un conseil qui est formé d'hommes et un autre qui est formé de femmes. Ils se préparent toute leur vie à faire partie de ce conseil, un groupe qui prend des décisions importantes pour la tribu. J'ai fait la connaissance d'un membre de la tribu âgé de 49 ans (mon âge) et qui fera partie du groupe des aînés dans un an. Il m'a dit qu'il n'y avait «rien de mieux» que d'être à la veille de devenir un aîné. On pouvait aisément sentir que toute sa vie avait été une préparation à ce moment.

En nous expliquant le processus, des membres de la tribu nous ont demandé : «Comment fonctionne le conseil des aînés dans votre société ?» Notre groupe de 15 hommes nord-américains, pour la plupart dans la cinquantaine, a expliqué avec un certain embarras que nous n'avions pas vraiment de conseil d'aînés ; que dans notre société, les personnes âgées étaient souvent placées dans des maisons de repos ou vivaient isolées de la population plus jeune. Nous leur avons dit que nous vivions dans une société qui valorisait davantage la jeunesse que la vieillesse.

Les aînés de cette tribu tanzanienne ont manifesté leur consternation : comment cela était-il possible ! Après s'être consultés, ils nous ont fortement recommandé de retourner chez nous, de former un conseil d'aînés et de «nous faire entendre de la jeunesse». Pendant quelques instants d'excitation, assis dans cette région montagneuse de l'Afrique de l'Est, nous avons pensé que c'était une excellente idée. Cela m'a rappelé que, pendant la plus grande partie de son histoire, l'espèce humaine a naturellement reconnu qu'avec l'âge vient souvent une sagesse qu'il vaut la peine d'écouter. J'ai réalisé que cette coutume s'était perdue dans notre société.

Fait intéressant, les membres de la tribu Irak nous ont dit qu'ils invitaient souvent de jeunes hommes et de jeunes femmes à se joindre à leurs conseils respectifs à titre d'invités, car certains jeunes sont déjà sages. Quelle grande leçon ! L'âge apporte souvent la sagesse, mais on peut l'acquérir plus tôt, on peut découvrir les perles de sagesse de la vie à tout âge.

Dans le cadre de ce projet, nous avons eu le privilège d'interviewer un certain nombre d'aînés aborigènes. Dans les cultures autochtones du Canada et des États-Unis, certains individus âgés sont considérés comme des «aînés». Contrairement à la coutume qui prévaut dans la tribu Irak, l'âge à lui seul ne confère pas ce statut d'aînesse, et il n'existe pas de processus de nomination ou d'élection. Il s'impose plutôt de lui-même lorsqu'il est évident qu'un individu en particulier a trouvé la sagesse et que son entourage le reconnaît. Dans ces cultures, les aînés sont vénérés pour l'enseignement qu'ils peuvent livrer. Ces cultures honorent souvent l'esprit de leurs ancêtres pour la même raison, pour le don de sagesse qu'ils peuvent leur transmettre.

Une large part de la perspective transgénérationnelle s'est perdue dans notre société de plus en plus urbaine et mobile. Il y a plusieurs années, j'ai rencontré au Brésil un garçon qui m'a dit que son meilleur ami était un vieil homme qui vivait près de chez lui. Ce genre d'amitié est un lien précieux que beaucoup de jeunes gens fuient dans notre monde soi-disant développé, parfois à cause de la société, et parfois à cause de notre réticence à écouter.

Lorsque je pense à ma vie, je me dis que j'aurais dû puiser dans la sagesse de ceux qui avaient plus d'expérience que moi au lieu de toujours supposer que tirer une leçon de mes erreurs était la meilleure façon de devenir sage. Nous avons désespérément besoin des aînés dans notre vie, de gens qui ont vécu longtemps et qui ont trouvé la sagesse.

L'une des prémisses de ma recherche était une simple hypothèse : nous reconnaissons la sagesse lorsque nous nous retrouvons en face d'elle. L'un de mes amis, qui fait partie des gens que nous avons interviewés, a beaucoup travaillé auprès d'un grand nombre de groupes ethniques au Canada. Il y a quelques années, il marchait aux côtés d'une vieille femme autochtone toute menue, mesurant tout au plus 1,22 m. Après un moment, elle a levé les yeux vers lui et a dit : « Vous savez, si vous faisiez partie de notre culture, vous seriez un aîné. » Il avait suffi à cette femme de faire quelques pas en compagnie de mon ami Bob pour reconnaître qu'elle était en présence d'un sage.

Cette anecdote illustre le processus qui est à la base de ce livre. Nous avons demandé à des gens de nous parler de leur « cheminement » et de nommer « la » personne qu'ils considèrent comme un « sage aîné ».

Les 235 personnes que nous avons interviewées avaient entre 59 et 105 ans. Bien qu'elles soient presque toutes nord-américaines, elles formaient un groupe diversifié relativement à l'ethnie, la religion, la culture, la région d'origine et le statut professionnel, et s'étalaient sur trois générations. Du coiffeur du village au professeur, du propriétaire d'entreprise à la personne au foyer, du chef aborigène à l'artiste, nous avons cherché la réponse à ces questions : « Que devons-nous savoir à propos de la vie avant de mourir ? Que peuvent nous apprendre ceux qui en sont au crépuscule de leur vie ? »

Pourquoi avoir choisi des gens de plus de 60 ans ?

Lorsque nous avons commencé à réaliser les entrevues, l'âge magique n'était pas 60 ans. Nous avons d'abord interviewé des gens de plus de 50 ans. Après les 25 premiers entretiens, nous avons tous les 3 fait le point. Chacun de nous a dit avoir noté une grande différence entre les entrevues réalisées avec les gens de plus de 60 ans et ceux de moins de 60 ans. La meilleure façon de décrire ce que nous avons constaté, c'est que vers l'âge de 60 ans, les gens commencent à examiner leur vie en rétrospective. C'était comme si les gens qui n'avaient pas encore 60 ans étaient encore tellement plongés dans la vie qu'ils n'arrivaient pas à prendre du recul.

Avec le temps, toutefois, j'ai commencé à croire que, peut-être, quelque chose de plus mystérieux et de plus merveilleux expliquait pourquoi les gens de plus de 60 ans semblaient plus sages. Peut-être y a-t-il un lien mystique ou évolutif entre l'âge et la sagesse. Peut-être réfléchissons-nous davantage en vieillissant de manière à pouvoir transmettre à d'autres ce que nous avons appris avant de mourir. Nous avons découvert que, vers l'âge de 60 ans, les êtres humains commencent à évaluer la façon dont ils ont vécu tout en continuant à vivre, et c'est probablement ce que l'on pourrait appeler «l'âge de la sagesse».

Le poète Czeslaw Milosz a écrit: «La paix que j'ai ressentie avait un goût de finalité et était reliée à la pensée de la mort.» Pour quelque raison que ce soit, nous avons eu la même impression et avons ensuite concentré nos efforts sur les plus de 60 ans.

Cela ne signifie pas que la sagesse est rare chez les moins de 60 ans. De fait, nous avons entrepris ce projet en supposant qu'il est possible de découvrir et de mettre en pratique les cinq perles de sagesse à n'importe quel âge. Mais nous avons ensuite pensé que le fait de parler à des gens capables de jeter un regard critique sur leur vie nous donnerait une perspective unique. De plus, c'est parfois à la toute fin de sa vie qu'un individu peut affirmer avec certitude qu'il a trouvé le bonheur. Certaines personnes semblent très heureuses et épanouies à 30 ans, mais se laissent plus tard gagner par l'amertume et l'insatisfaction. Et c'est pour cette raison que nous avons trouvé plus judicieux de parler à des gens qui arrivaient au crépuscule de leur vie.

À la fin des entrevues, nous avons vu clairement émerger les cinq perles de sagesse qu'il faut connaître avant de mourir. Malgré la diversité de notre échantillonnage, nous avons constaté que les cinq perles de sagesse faisaient partie, de façon significative, de la vie d'un très grand nombre et transcendaient les frontières qui souvent nous séparent : la religion, l'ethnie, la culture, le sexe et le statut socioéconomique. En ce qui a trait à ce qui compte vraiment et ce qui donne un sens à la vie, il semble qu'il existe une façon de vivre universelle qui ne dépend pas des croyances ou de la culture.

George Bernard Shaw a écrit : « La jeunesse est une chose merveilleuse. Quelle honte de la gaspiller en la donnant aux enfants. » Je crois qu'il voulait dire qu'il faut la plupart du temps toute une vie pour découvrir comment vivre et que, souvent, le temps qui nous est dévolu tire à sa fin lorsque nous comprenons ce qui compte vraiment. C'est pourquoi il ne faut pas attendre la vieillesse pour trouver la sagesse, pour découvrir ce qui compte vraiment – et c'est pourquoi je vous invite à vous joindre à moi et à vous asseoir aux pieds des 235 personnes qui m'ont dévoilé les cinq perles de sagesse qu'il faut connaître avant de mourir.

CHAPITRE TROIS

La première perle de sagesse : Demeurez fidèle à vous-même

« La plus grande tragédie dans la vie, c'est de l'avoir passée tout entière à pêcher pour finalement réaliser que ce n'était pas du poisson que nous cherchions. »

– Henry David Thoreau

Cela m'a personnellement beaucoup apporté de parler du sens de la vie à plusieurs centaines de personnes, et cela a également représenté un défi. Les témoignages que nous avons entendus étaient profonds, intéressants et souvent émouvants. Nous n'avons pas fourni les questions à l'avance aux personnes interrogées, et cela a été merveilleux de sentir qu'elles découvraient souvent des choses qu'elles savaient déjà à un niveau inconscient au fur et à mesure qu'elles se confiaient à nous. Parfois, j'ai eu le sentiment que des gens sages découvraient ainsi les perles de sagesse de leur propre bonheur. À d'autres moments, il était évident que les vérités qu'ils partageaient avec moi n'étaient pas nouvelles pour eux; ils les avaient non seulement découvertes longtemps auparavant, mais les avaient aussi, sous une forme ou une autre, transmises à d'autres pendant plusieurs années.

Le défi que nous avons dû relever consistait à déceler des thèmes communs dans les centaines de témoignages que nous avons recueillis. Les gens décrivaient les mêmes choses avec des mots différents. Cela m'a rappelé un jeu de mon enfance au cours duquel un secret était murmuré et répété de l'un à l'autre tout au long d'une chaîne, jusqu'à ce que le message initial ait pratiquement été complètement transformé. Il me fallait demeurer attentif et lire entre les lignes si je voulais découvrir le dénominateur commun de la sagesse.

Il nous apparaissait incontestable de déterminer si un élément ressortait nettement, s'il existait une perle de sagesse qui apportait assurément la satisfaction et le bonheur.

Je crois que cette perle existe, et c'est la première chose qu'il nous faut découvrir à propos de la vie si nous voulons vivre avec sagesse.

Il y a une série de mots et d'idées qui revenaient sans cesse. Les gens disaient souvent des choses telles que : «Il faut écouter son cœur», «il faut demeurer fidèle à soi-même», «il faut savoir qui l'on est et pourquoi l'on est ici» et «il faut savoir ce qui compte pour soi». Ce qui distingue ceux qui vivent bien et meurent heureux de la majorité d'entre nous, c'est qu'ils se demandent constamment s'ils mènent la vie qu'ils souhaitent, et ils écoutent leur cœur pour trouver la réponse à cette question. La première perle de sagesse consiste à *demeurer fidèle à soi-même* et à *vivre en étant animé d'une intention.*

Choisissez de vivre éveillé

Pour écouter son cœur et demeurer fidèle à soi-même, il faut d'abord choisir de vivre éveillé. Mais que signifie vivre éveillé? Socrate a dit qu'une vie sans réflexion ne vaut pas la peine d'être vécue. Il y a une autre façon de formuler cette idée: à moins de *continuellement réfléchir à votre vie* pour vous assurer de ne pas dévier de votre trajectoire, il y a de fortes chances que vous vous retrouviez en train de vivre la vie de quelqu'un d'autre, ce qui veut dire que vous réaliserez à la fin de votre vie que vous avez suivi une voie qui n'était pas la vôtre.

J'ai appris auprès de ces gens qu'être sage, c'est réfléchir davantage, c'est se demander encore et encore (et encore) si notre vie est orientée dans la bonne direction, et que c'est faire constamment des ajustements pour se rapprocher de la vie que nous désirons vivre. Contrairement aux gens que nous avons interviewés, de nombreux individus vivent une vie dépourvue de réflexion, se laissant porter par le courant et se demandant rarement de quelle manière ils pourraient s'engager sur la voie qu'ils souhaitent parcourir.

Une femme de 72 ans, appelée Elsa, a résumé cette question de la réflexion, de l'éveil continuel. Lorsque je lui ai demandé de me confier le conseil qu'elle donnerait à des gens plus jeunes qu'elle pour les aider à trouver le bonheur et un sens à la vie (une question que nous avons posée à tous les membres du groupe sélectionné), elle a dit: «Je ne peux pas faire ça. Pour dévoiler à une personne la perle de sagesse du bonheur, il faudrait que je m'assoie avec elle, que je la regarde droit dans les yeux, que je sache qui elle est, que je découvre quels sont ses rêves. Je dis cela parce que la perle de sagesse du bonheur, c'est de demeurer fidèle à soi-même. » Pour chacun d'entre nous est tracé un cheminement qui lui est propre, et nous trouvons le bonheur si nous l'empruntons. Les gens heureux ne se demandent pas si leur vie est axée sur ce qui compte, mais plutôt sur ce qui est vraiment important *pour eux* !

Les trois questions qui comptent vraiment

Mais comment vivre en demeurant fidèle à soi-même ? Le secret consiste à *vivre en étant animé d'une intention*, à se poser systématiquement et régulièrement trois questions cruciales :

- *« Est-ce que j'écoute mon cœur et est-ce que je suis fidèle à moi-même ? »*

- *« Ma vie est-elle axée sur ce qui compte vraiment pour moi ? »*

- *« Suis-je la personne que je veux être dans ce monde ? »*

Georges est un septuagénaire et un professeur de physique à la retraite. Pendant près de 40 ans, il a enseigné à de jeunes gens de plusieurs générations, et il était donc naturel que je lui demande ce qu'il avait appris de la vie en enseignant à ces milliers d'étudiants. Il m'a dit avoir noté qu'« un gouffre séparait les élèves qui écoutaient leur cœur et ceux qui ne le faisaient pas. » Il m'a dit que certains étudiants poursuivaient le rêve de quelqu'un d'autre, peut-être celui d'un parent, ou n'avaient tout simplement pas choisi le domaine qui convenait le mieux à leur nature profonde. Ces étudiants luttaient perpétuellement. Mais d'autres « écoutaient leur cœur, et même s'ils n'étaient pas les étudiants les plus brillants, ils réussissaient toujours à relever les défis. J'ai revu certains de ces élèves des années plus tard, et ceux qui avaient écouté leur cœur continuaient à bien s'en sortir, alors que ceux qui ne semblaient pas le faire continuaient toujours à connaître des difficultés. »

Tout comme Georges l'a remarqué chez ses élèves, j'ai noté ce même écart chez les gens que j'ai interviewés. Lorsqu'on écoute son cœur, cela fait tout un monde de différence. J'ai constaté à de très nombreuses reprises les conséquences heureuses de la fidélité envers soi-même, ainsi que l'amertume qui peut s'installer lorsque cette attitude ne fonctionne pas.

Souvent, cette infidélité à notre « moi » germe à un très jeune âge, lorsqu'au lieu de nous demander *ce que nous voulons faire* de notre vie, *nous la comparons* à celle des autres. L'une des personnes que j'ai interviewées, Antony, est un acteur de 85 ans qui est encore actif en tant que producteur et comédien. Pendant près de 70 ans, il a suivi la voie qui lui apportait la plus grande satisfaction : celle du théâtre et du divertissement. Encore aujourd'hui, son médecin lui dit : « Quoi que vous fassiez, continuez parce que cela vous fait du bien. » Antony m'a confié que « tout ce qu'il avait fait, c'était de demeurer fidèle à lui-même ».

Il m'a dit que lorsqu'il était très jeune, il observait les garçons plus âgés que lui à l'école. Chaque année, il en choisissait un et se disait : *« Je veux devenir comme lui. »* Et puis, un jour, il a pris conscience qu'il n'était semblable à aucun de ces garçons. Il a compris que la voie qui mène au bonheur n'était pas de tenter de ressembler à quelqu'un d'autre, mais de déterminer ce qui comptait véritablement pour lui. «N'essayez pas d'être quelqu'un d'autre», conseille-t-il, «assurez-vous seulement d'être vous-même».

Il y a de nombreuses années, un magazine m'a nommé l'«une des personnes les plus aptes à devenir le prochain Tom Peters». Tom Peters est un gourou du monde des affaires, surtout connu pour son livre intitulé *In Search of Excellence*. Plusieurs années après la parution de cet article, j'étais en réunion avec quelques personnes qui avaient organisé pour moi une tournée nationale de conférences. Ils m'ont demandé de leur dire ce qui faisait de moi un être unique. Je leur ai parlé de l'article qui avait fait la une du magazine et qui prédisait que je serais le prochain Tom Peters! Cela a aussitôt fait froncer les sourcils du PDG de la plus grande entreprise de séminaires publics du monde. Il a dit d'un ton bourru : «Je ne veux pas que vous soyez le prochain Tom Peters; il y en a déjà un. Je veux que vous soyez le premier John Izzo.» Je crois qu'il essayait de me donner le même conseil que Georges avait donné à ses étudiants. Voici la première question qu'il convient donc toujours de se poser : *«Suis-je fidèle à moi-même dans la vie que je mène?»* Ces mots m'ont été très utiles et m'ont poussé à examiner plus en profondeur ce qui fait de moi un être unique au lieu de tenter d'imiter les autres.

Votre vie est-elle bien ciblée?

Jeune homme, j'ai assisté à un séminaire protestant et j'ai étudié le grec ancien et l'hébreu. Dans la Bible, le mot «péché» vient d'un mot de l'ancien grec appartenant au vocabulaire du tir à l'arc. Littéralement, le mot signifie «manquer la cible», comme la flèche qui n'atteint pas le but visé. Le plus grand péché consiste à rater la cible qui est représentée par ce que vous voulez que soit votre vie. C'est pour cette raison que William Wordsworth, le grand poète britannique, a écrit en 1850 dans *Le Prélude* qu'il doit devenir poète ou sinon «pécher gravement». En ce sens, vivre en étant animé d'une intention signifie se poser la question suivante : *«Est-ce que je touche toujours juste avec ma vie?»*

Demeurer fidèle à soi-même s'effectue en deux niveaux. Premièrement, sur une base quotidienne, il convient de se demander si l'on est fidèle à son âme. J'aime dire aux gens que le problème avec la vie, c'est qu'elle est tellement quotidienne! Une vie heureuse et significative résulte de l'accumulation de nombreux jours heureux. Ce qui est devenu une évidence pour moi lorsque j'écoutais les gens me raconter leur vie, c'est que les personnes sages savent ce qu'est une bonne journée (une bonne journée pour eux, il va sans dire).

Mon grand-père qui, comme je l'ai dit, était l'un des aînés les plus sages à faire partie de ma vie, avait l'habitude de parler d'une «bonne fatigue» à la fin d'une journée donnée, en opposition avec ce qu'il appelait une «mauvaise fatigue». Il m'a dit qu'une «bonne fatigue» résultait d'une vie axée sur les choses qui comptent vraiment pour nous. Une «mauvaise fatigue», disait-il aussi, peut se manifester même si nous estimons avoir réussi, mais nous nous rendons compte alors que nous n'avons pas été fidèles à nous-mêmes. Il me semble que le premier élément pour bien se connaître est de déterminer ce qui nous procure une «bonne fatigue» à la fin de la journée.

L'une des façons d'y arriver est tout simplement de réfléchir davantage. Lorsqu'une de nos journées se solde par une «bonne fatigue», il convient de noter ce qui a été authentique pendant cette journée, quels ont été les éléments qui ont contribué à notre sentiment de satisfaction. Et lorsque nous éprouvons une «mauvaise fatigue», nous devons réfléchir aux éléments qui l'ont générée.

Après avoir mis en pratique cette technique toute simple pendant un certain temps, j'ai constaté plusieurs choses. Les jours où j'éprouvais une bonne fatigue, j'avais presque toujours passé un peu de temps à l'extérieur. Même une promenade de 15 minutes dans un parc faisait une énorme différence. Les jours où j'éprouvais une bonne fatigue, j'avais presque toujours consacré du temps aux autres, et plus particulièrement à des amis et à des membres de ma famille. Mon travail ne m'apparaissait pas comme une corvée; je m'efforçais plutôt d'influer positivement sur mon environnement, et je faisais un peu d'exercice pendant la journée.

Par contre, les jours où j'éprouvais une mauvaise fatigue, j'ai remarqué que je m'étais concentré sur mes tâches pendant toute la journée, je n'avais pas réservé de temps aux amis ou aux gens, ni à la lecture ou à l'apprentissage. En réfléchissant à ces simples différences, j'ai été en mesure de vivre davantage de journées se soldant par une bonne fatigue. Et c'est un schéma que j'ai noté encore et encore chez les personnes que nous avons interviewées: les gens heureux savent ce qui leur apporte le bonheur et en font systématiquement une priorité.

J'ai joué au tennis la majeure partie de ma vie. Lorsque je me trouve sur un court de tennis, je perds la notion du temps, ce qui n'est pas une mauvaise définition de ce que veut dire Joseph Campbell lorsqu'il parle de «poursuivre le bonheur». Il y a quelques étés, j'ai participé à un stage de tennis pendant lequel les entraîneurs m'ont donné un conseil. Ils m'ont dit que la majorité des gens ne réfléchissent pas beaucoup lorsqu'ils jouent. S'ils marquent un point, ils sont euphoriques, et ils sont frustrés s'ils en perdent un. La plupart des joueurs ne réfléchissent pas aux raisons qui font qu'ils gagnent ou perdent.

Pendant ce stage, j'ai appris une technique toute simple – après chaque point, je me posais trois questions : «*Ai-je perdu ou ai-je gagné ? Pourquoi ai-je perdu ou ai-je gagné ? Et qu'est-ce que je souhaite faire différemment lors du prochain échange en me basant sur ce que je viens d'apprendre ?*» Mon jeu s'est amélioré, ainsi que ma vie.

Imaginez qu'à la fin de chaque journée nous nous posions ces trois questions : «*Est-ce que j'éprouve une bonne ou une mauvaise fatigue ? Quels sont les éléments qui ont contribué à cette bonne fatigue ? Quels sont les éléments qui ont contribué à cette mauvaise fatigue ? Y a-t-il quelque chose que je souhaite faire différemment demain en me basant sur ce que j'ai appris aujourd'hui ?*» Imaginez que nous nous posions ces questions à la fin de chaque semaine, de chaque mois, de chaque année ? La flèche de notre vie se planterait toujours plus près du centre de la cible.

Bien entendu, écouter son cœur et demeurer fidèle à soi-même entraîne également des questions d'une plus grande profondeur. «*Est-ce que ma carrière et mon travail dans ce monde sont le reflet de mon moi authentique ? Ma vie tout entière est-elle ma véritable "voie"? Suis-je le genre de personne que je veux vraiment être dans ce monde?»*

Trouvez votre destinée

L'une des personnes que j'ai interviewées, Juana, est une femme hispanique âgée dans la soixantaine. Sa famille a quitté le Nicaragua pour s'établir aux États-Unis alors que Juana n'avait que trois ans. Elle dit: «Nous sommes pratiquement débarqués d'un navire-bananier.» Elle m'a parlé d'un concept appartenant à la culture latine qui s'appelle la *destina*. Un peu comme notre concept de la destinée, la *destina* correspond à l'idée selon laquelle chacun de nous est né dans le but d'emprunter une voie qui lui est propre. Plutôt que de se rapporter à la fatalité (comme si un individu était destiné à devenir président ou à échouer), la *destina* se rapproche davantage du concept sanskrit du dharma, qui veut que chacun de nous ait une essence unique.

D'autres mots ont été utilisés pour décrire ce concept, par exemple l'expression «poursuivre le bonheur», dont j'ai parlé plus tôt. Ce sont des façons différentes de dire la même chose. Chacun de nous a une voie qui lui est propre, et lorsque nous empruntons cette voie, nous trouvons la satisfaction. Que signifie écouter notre cœur et, plus important encore, comment savoir si nous le faisons?

«Écouter son cœur» désigne plusieurs choses: c'est faire un travail qui répond à nos intérêts les plus chers; c'est demeurer fidèle à soi-même dans la vie que l'on a choisie (et demeurer honnête vis-à-vis de ce que l'on veut); c'est prendre le temps d'écouter la petite voix intérieure qui nous dit que nous avons raté la cible que représentent nos désirs les plus intimes.

William, 73 ans, est un auteur, un chercheur et un conseiller auprès de gens qui en sont à un moment transitoire dans leur vie. Il m'a dit que son bonheur reposait en grande partie sur le fait qu'il était demeuré fidèle à lui-même. «J'ai découvert que ma raison d'être était en grande partie liée au destin que je croyais être le mien. À mes yeux, le destin n'est pas relatif au lieu où l'on aboutit, mais à la voie sur laquelle l'on chemine. Chacun de nous naît dans le but de suivre une voie qui lui est propre, non pas dans le but d'arriver à une certaine destination, mais de vivre une série d'expériences qu'il est destiné à connaître pendant sa vie.»

Il a poursuivi et m'a dit qu'il avait souvent eu le sentiment de faire partie intégrante de sa destinée. Par exemple, il a ajouté : «Lorsque j'avais quatre ans et que, couché sur l'herbe, j'observais des fourmis et voyais qu'elles vivaient à une échelle différente de la mienne, je sentais une aura de mystère m'envelopper lorsque je tentais de comprendre. Je savais que cet effort de compréhension faisait partie de ma destinée. Dans de tels moments, le ciel ne devenait pas d'une couleur étrange, mais j'avais la ferme conviction qu'ils étaient un don de Dieu.»

Tom était dans la soixantaine lorsque je l'ai interviewé. Il est Métis et a grandi dans les prairies de l'Ouest canadien. Les Métis sont une tribu qui descend des femmes autochtones qui ont épousé des négociants en fourrures français. Il avait 13 ans lorsqu'il a fait une expérience qui a changé sa vie. Ce n'est pas une expérience inusitée chez les gens que j'ai interviewés. Un grand nombre d'entre eux étaient capables de décrire ce moment particulier de leur vie où ils avaient découvert qui ils étaient vraiment et pourquoi ils existaient.

Tom et quelques-uns de ses amis adolescents aimaient patiner sur un grand lac de la réserve. Au cours des premiers jours de l'hiver de sa quatorzième année, Tom avait prévu une journée de patinage avec ses amis. Avant leur départ du village, quelques aînés les avaient prévenus que le lac n'était pas entièrement gelé, mais avec le sentiment d'invulnérabilité qui caractérise la jeunesse, ils n'avaient pas tenu compte de cet avertissement. « Nous nous sommes dirigés vers un lieu qui s'appelle Grande Île et nous avons patiné pendant la majeure partie de l'après-midi. Je me rappelle que nous sommes passés sur une large fissure qui zébrait la glace, une fissure qui faisait son apparition au même endroit chaque année, et nous n'y avons pas prêté beaucoup d'attention. »

Alors que la lumière du jour commençait à décliner, les quatre adolescents ont repris le chemin du village. Lorsqu'ils sont arrivés à proximité de la fissure, les trois amis de Tom se sont prudemment engagés sur celle-ci, mais Tom est demeuré en retrait. Criant à ses amis de faire attention, il a patiné de toutes ses forces et a sauté par-dessus la fissure, mais la glace s'est ensuite brisée sous son poids lorsque ses patins en ont touché la surface. Il s'est soudain retrouvé sous les eaux glacées du lac. Il a levé les yeux et a nagé vers le trou par lequel il était tombé. En s'agrippant au rebord de glace friable, il a appelé ses amis à l'aide. À tour de rôle, ils ont tenté de lui porter secours, mais chaque fois qu'il essayait de se hisser sur la surface de la glace, elle se rompait et il replongeait dans un cauchemar glacé.

Fatigué et transi, il a vu ses amis se précipiter l'un après l'autre vers le village pour y chercher de l'aide. S'agrippant à la glace une dernière fois, il a assisté au départ du dernier de ses trois amis. Tom s'est ensuite enfoncé dans les eaux froides. Il sentait que la vie le quittait. Il était plongé dans l'obscurité, ayant perdu de vue le trou dans la glace.

«J'ai réalisé que j'allais mourir. Pour une raison que j'ignore, je n'ai pensé à rien d'autre qu'aux arbres situés en bordure du lac. C'était des trembles; mon peuple les appelle les «arbres tremblants» parce qu'ils ont des feuilles minuscules qui palpitent dans le vent, ce qui donne l'impression que la forêt tout entière tremble. Je sentais que la vie me quittait, et je ne pensais qu'à ces trembles et au fait que je ne les verrais plus jamais. Sur le point d'abdiquer, j'ai senti l'appel de ces arbres et j'ai levé les yeux une dernière fois pour apercevoir une ouverture parfaitement ronde dans la glace, une ouverture qui n'était pas là un instant auparavant. Levant un bras, j'ai agrippé le rebord et la glace a tenu bon. J'ai aperçu le dernier de mes amis qui était encore à portée de voix et j'ai crié. Il a fait demi-tour et, me tendant son manteau, il a réussi à me hisser hors de l'eau.»

Sur le moment, Tom était tout simplement heureux d'être en vie. Mais bientôt, il a commencé à s'interroger sur sa mésaventure: «Je ne cessais de me demander pourquoi j'avais pensé à ces arbres à l'approche de la mort. Pourquoi n'avais-je pas pensé à ma famille, à mes parents ou à mes grands-parents? Je n'ai pensé qu'à ces arbres, qu'à ces trembles, et au fait que je ne les verrais jamais plus. C'est un mystère qui m'a hanté pendant de nombreuses années.»

Près de 20 ans plus tard, il a raconté son aventure à une femme-médecine, une guérisseuse. Elle lui a dit que les arbres l'avaient sauvé parce que son *destin* était de diriger des cérémonies. Dans sa tribu, les trembles sont au centre de certains rites sacrés. La femme-médecine a ajouté : « Tu es né pour devenir guérisseur. » Tom a réalisé que, pendant toute sa vie, il avait senti un appel qui lui dictait de devenir un leader spirituel, un appel qu'il avait toujours refusé d'écouter. C'est alors qu'il a vu sa *destina*, sa véritable voie.

Lorsqu'il est devenu chef de cérémonies, on lui a donné son nom « spirituel » : Grand Bison blanc. À partir de ce jour, et depuis 30 ans, Grand Bison blanc a trouvé un sens profond à sa vie en dirigeant des danses rituelles et en agissant comme guide spirituel. Il a continué à gagner sa vie en s'adonnant à d'autres activités, mais c'est à titre de chef de cérémonies et de guide spirituel qu'il a donné un véritable sens à sa vie.

Il m'apparaît que chacun d'entre nous possède un tremble sur le lac de sa vie, une chose qui l'appelle directement. Lorsque nous prêtons attention au murmure de cet ardent désir, nous trouvons le bonheur et un sens à notre vie ; lorsque nous l'ignorons, nous sentons un vide dans notre cœur, semblable à un trou dans la glace qui ne peut être refermé. Nous nous agrippons au bonheur et, malgré tout, il s'effrite chaque fois entre nos mains comme une mince couche de glace. Pour certaines personnes, leur véritable voie leur est révélée lors d'une expérience particulière, comme ce fut le cas pour Tom, mais pour bien d'autres, le processus qui consiste à découvrir leur véritable nature est beaucoup plus subtil et beaucoup plus long.

Lorsque j'ai décidé d'interroger des gens sur leur vie, j'ai immédiatement pensé à Bob (qui allait bientôt avoir 60 ans). Dans le chapitre précédent, j'ai raconté comment Bob avait travaillé pendant de nombreuses années auprès d'autochtones et qu'une vieille femme lui avait dit : « Si vous faisiez partie de notre culture, vous seriez un aîné. » Il m'a dit que c'est le plus beau compliment qu'on ne lui ait jamais fait.

Je connaissais de nombreux aspects de la vie de Bob, mais l'entrevue que j'ai réalisée avec lui a révélé un voyage intérieur qui illustre ce qui arrive lorsqu'on demeure fidèle à soi-même. Sa mère avait été observatrice d'oiseaux et son père aimait jardiner. Lorsqu'il était encore un jeune garçon, ils lui ont laissé le choix entre deux types de loisirs. « Ils m'ont dit que je pouvais sortir et jouer dehors, ou monter dans ma chambre et lire, mais j'ai choisi les deux options. » Il a donc passé ses temps libres à vagabonder dans la nature, à observer la faune, et plus particulièrement les oiseaux. Dans sa chambre, il a lu des livres traitant de la nature et d'ornithologie. Très jeune, c'est en plein air qu'il s'est senti le plus à l'aise. Le monde naturel le fascinait et lui apportait une grande joie. Vers l'âge de 10 ans, il a annoncé à sa mère qu'il allait « devenir biologiste », mais il admet aujourd'hui qu'il n'avait pas à cette époque une idée bien précise de ce qu'était un biologiste.

Il a écouté son instinct. Bien qu'il ait travaillé pour le gouvernement, dans des organismes à but non lucratif et comme bénévole, le dénominateur commun de ses activités était les milieux sauvages. Aujourd'hui, c'est avec satisfaction qu'il songe à sa vie consacrée à la préservation des espaces naturels. Dès son plus jeune âge, il a entendu l'appel de la nature, et elle a été pour lui son tremble.

Parfois, il peut être bénéfique de constater les conséquences que peut avoir le fait de ne pas être demeuré fidèle à soi-même tôt dans la vie. Le père de Bob était un anesthésiste réputé, et Bob était dans la vingtaine lorsque l'hôpital où travaillait son père a organisé une petite fête pour célébrer sa 20 000ᵉ anesthésie. Après la cérémonie, alors qu'ils rentraient à la maison, Bob a demandé à son père ce que c'était que de fêter toutes ces années de médecine. Son père a répondu: «J'aurais préféré être comptable. Tu sais, mon fils, en tant que médecin, c'est ma tenue de livres que j'ai préféré faire avant tout. »

Cela a été un grand choc pour Bob que d'apprendre que son père n'avait *pas écouté son cœur*. Il avait passé sa vie à pratiquer la médecine, mais c'est en faisant sa comptabilité qu'il perdait toute notion du temps. «C'est à ce moment-là que j'ai décidé que si quelqu'un me demandait un jour si j'aimais être un…, je ne répondrais pas que j'aurais plutôt préféré être un… » Cette image a hanté Bob, et il est toujours demeuré fidèle à lui-même.

Sa vie illustre également l'importance de bien se connaître outre le choix de carrière; elle montre que vivre en étant animé d'une intention et d'une connaissance intime de soi est une perle de sagesse fondamentale. Pendant de nombreuses années, je me suis demandé pourquoi Bob et Mary n'avaient pas d'enfants, mais la politesse m'a toujours empêché de leur poser la question. J'ai pensé qu'un problème d'ordre médical était peut-être à l'origine de leur infertilité, et je ne souhaitais pas leur infliger inutilement une douleur psychologique. Pendant l'entrevue, Bob m'a dit : « Mary et moi avons choisi de ne pas avoir d'enfants, tu sais. Au tout début de notre relation, je lui ai dit que si nous avions des enfants, elle devrait s'en occuper seule. Mon travail était toute ma vie, et je ne voulais pas que des enfants me détournent de ma mission, qui était de préserver la nature. Mary était du même avis, et nous avons pris cette décision ensemble. »

Les recettes du bonheur sont rarement utiles lorsqu'elles exigent des ingrédients prétendus nécessaires. J'ai interviewé des gens qui étaient faits pour devenir des parents ; c'était là leur véritable voie, et s'y engager les a rendus très heureux. Ma femme, Leslie, est l'une de ces personnes ; elle est une pourvoyeuse de soins naturelle, et elle a répondu à cet appel tant dans notre famille que dans son travail d'infirmière. Si elle n'avait pas eu d'enfants, elle n'aurait pas vécu selon sa *destina*. Mais pour d'autres, comme Bob, c'est le contraire qui est vrai. C'est en réfléchissant et en écoutant la voix de son cœur qu'il a su qu'il n'était pas fait pour avoir des enfants.

Ne pas écouter votre cœur peut avoir des conséquences désastreuses pour les autres comme pour vous-même. L'un de mes meilleurs amis a toujours eu le sentiment que sa mère considérait ses enfants comme une grande nuisance. Elle faisait de son mieux, mais ce rôle parental n'était pas naturel pour elle. Il a senti cette réticence alors qu'il était très jeune. Il avait le sentiment d'être un enfant mal aimé. Il savait également que ses parents ne vivaient pas le grand amour. Son père avait un problème d'alcool.

À la fin de la trentaine, il est allé rendre visite à sa mère. Désormais, avec les yeux d'un adulte, il était en mesure de constater la profondeur de sa tristesse. Une amertume de longue date teintait sa vision de la vie. Avec courage et compassion, il lui a dit : « Maman, tu n'as jamais voulu d'enfants, n'est-ce pas ? » Après quelques minutes de silence, elle a répondu : « Mon garçon, j'ai fait deux grosses erreurs dans ma vie. La première, c'est en quittant l'Écosse. J'adorais l'Écosse. La seconde, c'est en épousant ton père et en ayant des enfants. »

Le cœur de mon ami ne s'est pas rempli de colère, mais d'un étrange mélange de soulagement et de profond attendrissement. Il s'est senti soulagé parce que son instinct ne l'avait pas trompé. Il n'aurait rien pu faire pour obtenir davantage d'affection de la part de sa mère ; cela n'avait rien à voir avec lui. Il a également éprouvé de la compassion pour elle. Soudain, il a ressenti de l'empathie pour sa mère qui n'avait pas écouté son cœur, et pour son père dont l'alcoolisme était peut-être né, en partie, de ces décennies vécues auprès d'une femme qui l'avait épousé non pas en écoutant son cœur, mais la voix de la raison. Cependant, pour toute personne qui a eu des enfants alors que ce n'était pas sa mission, il y en a une autre qui dédie sa vie à sa carrière alors qu'avoir des enfants aurait été pour elle une façon importante de demeurer fidèle à elle-même.

Il faut du courage pour écouter son cœur

Pour écouter notre cœur, il faut parfois faire taire d'autres voix qui nous incitent à poursuivre d'autres rêves. Ron, qui était septuagénaire au moment de notre rencontre, avait grandi dans une famille où la médecine était la profession de prédilection. Son oncle avait été un médecin respecté dans la communauté, et lorsque Ron a lui aussi opté pour la médecine, sa famille et ses amis ont applaudi sa décision. Juste avant d'entrer à l'école de médecine, il est allé consulter un illustre chiropraticien en tant que patient.

Pendant le traitement, il a découvert une discipline qui mise sur le pouvoir de régénération naturelle du corps, une discipline qui prône la valeur du toucher, ce qu'il a intuitivement trouvé attrayant. «J'ai aussitôt été attiré par cette profession, et je savais que si elle plaisait tant à mon âme, alors j'écouterais mon cœur en la choisissant. Mais la médecine chiropractique était encore auréolée de mystère pour de nombreuses personnes à cette époque, et lorsque j'ai annoncé mon intention de m'engager sur cette voie, mes amis ne se sont pas gênés pour me donner leur avis. Ils ont dit: "Alors, tu veux devenir l'un de ces charlatans, maintenant?" Mais je savais que c'était ma voie et que je ne devais pas prêter attention à leurs remarques.»

Demeurer fidèle à soi-même, c'est écouter cette voix qui nous appelle, même si les autres ne peuvent l'entendre. Ron a poursuivi en me disant que, plus tard dans la vie, lorsqu'il a mis fin à sa prestigieuse carrière de chiropraticien pour devenir «guérisseur énergétique», il a affronté la même résistance. Encore une fois, il savait que telle était sa voie. «Toute ma vie, j'ai su ce que je devais faire. Je crois que c'est le cas de la majorité des gens, mais qu'ils n'ont pas le courage d'aller jusqu'au bout.» Il m'a également dit qu'il y avait deux façons d'écouter son cœur: avoir *la discipline d'écouter* et *le courage d'agir*.

Le témoignage de Ron m'a fait réfléchir à mon propre cheminement. J'ai commencé ma carrière comme ministre du culte et me suis aventuré dans le monde des affaires lorsque j'ai quitté ma paroisse. Cette décision d'entrer dans le monde des affaires n'était pas entièrement intentionnelle. J'avais besoin de travailler et, fasciné par le rôle que joue le travail dans la vie des gens, je me suis lancé dans le domaine du perfectionnement en gestion et j'ai découvert que j'avais des aptitudes pour ce métier. Toutefois, tout au long de la décennie qui a suivi, j'ai senti qu'il me manquait quelque chose. Au départ, j'étais devenu ministre du culte en partie parce que je désirais parler aux gens du sens de la vie et des grandes préoccupations de notre époque (la paix, l'écologie, etc.).

Avec le temps, le monde des affaires m'est apparu de moins en moins intéressant, même s'il m'assurait d'importants revenus et que j'accomplissais un travail noble. Ce n'est pas que mon travail n'était pas valorisant; il l'était et l'est encore, mais je voulais également écrire et aborder des sujets plus profonds. Il y avait en moi tant de voix qui m'exhortaient à demeurer pratique, qui m'encourageaient à m'impliquer encore davantage dans mon travail de développement de la gestion.

Toutefois, je ne cessais d'entendre une autre voix qui avait été présente toute ma vie, celle qui m'avait en premier lieu poussé à devenir ministre du culte. Je savais que ma véritable voie consistait à explorer les questions du sens de la vie et de la sagesse.

De plus en plus, j'ai commencé à intégrer les concepts de signification personnelle, de relations aimantes et de responsabilité devant les générations futures dans mon travail auprès des entreprises. J'ai non seulement connu davantage de succès, mais plus important encore, le sentiment d'être fidèle à moi-même m'a apporté une satisfaction profonde.

C'est un peu ce qui m'a incité à me lancer dans ce projet. Et, comme je le soupçonnais, la perspective de réussir ou d'échouer est devenue moins pertinente. Comme le disait mon grand-père, une «bonne fatigue» s'installe lorsqu'on demeure fidèle à soi-même et une «mauvaise fatigue» peut survenir même lorsqu'on croit avoir réussi.

La situation a soulevé une question évidente. «Est-ce que le fait d'écouter son cœur veut dire bouleverser sa vie tout entière et s'engager dans une direction totalement diffé-rente?» Pendant les entrevues que j'ai réalisées, j'ai découvert que, dans certains cas, il est nécessaire d'apporter un chan-gement radical dans notre vie si l'on veut faire ce que nous dicte notre cœur. Ron a dû renoncer à s'inscrire à l'école de médecine pour devenir chiropraticien. Mais la plupart du temps, les gens que j'ai interviewés avaient apporté de petits changements dans leur vie et s'étaient engagés lentement sur leur voie véritable.

Tom, par exemple, l'homme qui était tombé dans les eaux glacées d'un lac lorsqu'il était adolescent, n'a pas quitté l'emploi qu'il occupait pendant le jour lorsqu'il a compris, à l'âge de 30 ans, qu'il était destiné à devenir guérisseur. Il a appris à diriger des cérémonies de guérison et a consacré beaucoup de temps à cette activité. Aujourd'hui, à part sa famille, c'est son rôle de chef de cérémonies qui constitue l'aspect le plus important de sa vie, même si cela n'a jamais été son principal gagne-pain. Au fil des ans, il a tout sim-plement fait de son rôle de guérisseur le pivot central de sa vie.

Jackie, 66 ans, a commencé très jeune à travailler dans le milieu bancaire et elle a très bien réussi. Elle était dans la quarantaine lorsqu'elle a assisté à un séminaire où tous les participants devaient se présenter et dire pourquoi ils avaient choisi d'évoluer dans ce secteur d'activité. Lorsque ce fut le tour de Jackie, elle a dit : « Eh bien, je travaille dans une banque depuis 25 ans, mais j'ai toujours voulu être enseignante. Les affaires étaient la passion de mon père. » Ces mots sont sortis de nulle part et leur clarté l'a étonnée. « Cela a été un choc pour moi. Ce n'est pas que mon travail me déplaisait, mais j'avais toujours su qu'il me manquait quelque chose. »

Pendant plusieurs semaines, elle a examiné les options qui s'offraient à elle. Elle avait une excellente carrière et son style de vie était modelé sur celle-ci. Au lieu de quitter son emploi, elle a commencé à faire du bénévolat à titre de tutrice dans un centre pour enfants de la localité. Quelques mois plus tard, elle a appris que sa banque commanditait un organisme local qui aidait les enfants ayant des troubles d'apprentissage.

Puis, elle s'est renseignée sur cet organisme et a dit à son directeur qu'elle aimerait faire partie de l'équipe responsable de ce projet. Avec le temps, elle est devenue la spécialiste de la banque auprès de l'organisme, et (toujours dans le cadre de son travail) elle a participé à trois missions en Afrique. « C'est parce que j'ai compris à quel point l'enseignement était important pour moi que j'ai pu l'intégrer dans ma vie tout en conservant mon emploi à la banque. »

Parfois, de telles décisions sont difficiles à prendre et peuvent nous ronger pendant un certain temps. Mon ami

Gus adore la photographie, mais il gagne sa vie comme directeur de travaux de construction. Même s'il aime son travail, la photographie de la nature est son « tremble », tout comme le rôle de guide spirituel l'est pour Grand Bison blanc. Un jour, Gus quittera peut-être son emploi dans la construction, ou peut-être consacrera-t-il tout simplement davantage de temps à la photographie pendant ses temps libres. Peut-être deviendra-t-il un jour photographe à plein temps, ou peut-être la photographie sera-t-elle toujours pour lui un « loisir » important, mais ce n'est qu'en en faisant un pivot central de sa vie qu'il trouvera le bonheur. C'est sa *destina*.

Donc, la perle de sagesse que j'ai découverte en interviewant ces gens, c'est qu'il ne faut *jamais cesser de se demander si l'on écoute son cœur*, si la vie que nous menons nous appartient vraiment. J'ai appris que si l'on continue à se poser cette question, si l'on s'efforce de toujours viser le centre de la cible, on trouve la satisfaction. Ces gens n'ont jamais cessé de se poser cette question, et comme les marins louvoyant en haute mer, ils ont simplement apporté quelques ajustements dans le vaste paysage de leur vie pour finalement arriver à la destination voulue.

Ron, l'homme qui a choisi de devenir chiropraticien, l'explique ainsi : « Il faut écouter son cœur, parce que nier sa valeur, c'est nier tout. Bien entendu, vous ferez des erreurs, vous raterez parfois la cible, mais si vous demeurez fidèle à vous-même, vous vous rapprocherez toujours davantage de la personne que vous êtes destinée à devenir. »

Peut-être que demeurer fidèle à soi-même ne se rapporte pas uniquement au travail ou à la famille, au fait d'avoir ou non des enfants, ou au lieu où nous vivons. Il s'agit plutôt de veiller à ce que les «images» et les «moments» de notre vie soient authentiques à nos yeux.

L'un des hommes que j'ai interrogés m'a parlé du jour où il a frôlé la mort alors qu'il était dans la cinquantaine. Richard, aujourd'hui septuagénaire, m'a raconté que pendant qu'il subissait quelques examens à l'hôpital, il a fait un arrêt cardiaque, et que son cœur a cessé de battre pendant un certain temps. Il se rappelle clairement «s'être retrouvé à l'extérieur» de son corps et l'avoir observé de haut pendant que les médecins et les infirmières tentaient de le ranimer. Il entendait le son de la ligne apériodique du moniteur et un médecin qui lui disait : «Richard, restez avec nous. Allons, restez avec nous.»

«Vous savez, j'avais toujours entendu dire que, à l'article de la mort, notre vie tout entière défile devant nos yeux. Mais je sais maintenant que ce n'est pas toute notre vie que nous voyons, mais des images de notre vie. En cet instant, j'ai réalisé que les images de ma vie étaient belles, qu'elles montraient que j'étais demeuré fidèle à moi-même. Depuis, je n'ai plus jamais eu peur de la mort. Je me sens réconforté par ces images parce qu'elles m'ont permis de comprendre que si elles nous plaisent, on n'a plus peur de mourir.»

C'est, je crois, ce que nous espérons tous : pouvoir dire, à la fin de notre vie, que nous sommes demeurés fidèles à nous-mêmes, à ce que nous sommes vraiment. En écoutant Richard, j'ai commencé à penser à ma propre vie. J'ai fermé les yeux et j'ai essayé d'imaginer les moments qui défileraient devant mes yeux. Qu'est-ce que je regretterais ? Qu'est-ce que j'aimerais voir sur ces images et que je n'ai pas encore accompli ?

Pour être authentique, il faut entre autres avoir la discipline d'écouter vraiment notre cœur. La discipline d'écouter, c'est prendre le temps de se poser d'importantes questions. Ce qu'un grand nombre de ces personnes avaient en commun, ces personnes que d'autres ont dit être sages, c'est qu'elles prenaient régulièrement le temps de réfléchir à leur vie. Nous sommes parfois tellement occupés que c'est à peine si nous entendons la voix de notre âme. Ma femme et moi avions un rythme de vie trépidant avant qu'elle ne subisse un AVC : nous dirigions des entreprises, élevions nos enfants, regardions la télévision, faisions des voyages, gagnions de l'argent, faisions des emplettes, écrivions des livres, notre agenda était toujours rempli, etc.

À cette époque, nous n'avions pas le sentiment d'être à ce point occupés, mais l'AVC de Leslie nous a fait ralentir le rythme. Et en ralentissant, nous avons commencé à nous écouter. Nous avons commencé à dépendre l'un de l'autre comme nous ne l'avions encore jamais fait et nous avons lentement commencé à mettre de côté les choses qui n'étaient pas importantes. Parfois, ce n'est que lorsqu'on est contraint au calme que l'on commence à voir les choses plus clairement.

Parfois, l'univers nous force à écouter

Mon ami David était dans la trentaine lorsque l'univers l'a obligé à s'arrêter et à écouter. Il était le rédacteur principal d'un grand magazine spécialisé et il était toujours débordé.

Il était trop occupé pour se demander s'il menait la vie qu'il souhaitait vraiment. À la fin d'une journée de travail, assis à son bureau, il a senti une pression dans la poitrine et il a bientôt eu l'impression qu'une montagne l'écrasait. Dans la salle d'urgence de l'hôpital, branché à des moniteurs, il a réfléchi à ce qu'avait été sa vie. Contraint à l'immobilité, sans distractions, il s'est demandé s'il avait vraiment écouté son cœur. Il a ensuite commencé à négocier avec l'univers. Il s'est posé une question toute simple : *«Si je suis encore vivant demain, qu'est-ce qui devra changer ?»*

Il a demandé à une infirmière de lui apporter un stylo et du papier, sans savoir ce que lui réservaient les 24 prochaines heures. Avec une lucidité toute zen, il a noté 5 choses qu'il souhaiterait faire :

- M'amuser davantage ;

- Adopter un enfant ;

- Rendre la pareille ;

- Passer plus de temps en famille ;

- Créer une fondation.

«Cette nuit-là, toute ma vie a défilé devant mes yeux. Je ne crois pas qu'elle a été entièrement mauvaise, mais j'ai compris qu'à bien des égards, je n'avais pas écouté mon cœur. »

David n'est pas mort pendant cette nuit qu'il a passée à l'hôpital ; quelques semaines plus tard, il m'a téléphoné et m'a dit : « La bonne nouvelle, c'est que je ne suis pas mort ; la mauvaise nouvelle, c'est que je suis vivant et que j'ai une liste de choses à faire!» L'univers l'avait foudroyé pour l'inciter à réfléchir et à écouter. Il lui fallait maintenant trouver le courage d'agir.

Qu'en est-il aujourd'hui des cinq points qu'il a notés sur cette feuille de papier? Il a compris qu'il travaillait trop et qu'il lui fallait prendre le temps de s'amuser. Il a compris que son rêve d'adopter un enfant était trop important pour ne pas en tenir compte. Il a compris qu'il souhaitait passer plus de temps avec sa famille. Mais il ignorait d'où venaient les mots «créer une fondation». Pendant les deux années qui ont suivi, cette liste ne l'a pas quitté. Il a adopté un petit garçon. Il s'est accordé beaucoup plus de loisirs. Il s'est rapproché des membres de sa famille et, au terme de ces deux années, il a créé une fondation à laquelle il a donné le nom de son père.

Bien entendu, il n'est pas nécessaire d'attendre de tomber malade pour dresser une liste que nous pourrions établir n'importe quel jour de notre vie. Dans la culture aborigène du Nord-Ouest du Pacifique, il y a un adage qui dit: «Aujourd'hui est une bonne journée pour mourir.» Cela signifie, bien sûr, qu'aujourd'hui est une bonne journée pour vivre pleinement. Si vous étiez étendu sur un lit d'hôpital en ce moment même, qu'inscririez-vous sur votre liste? «Pour demeurer fidèle à moi-même, je dois...»

Georges, le professeur de physique âgé de 71 ans qui m'a dit avoir remarqué qu'un «gouffre» séparait les étudiants qui écoutaient leur cœur et ceux qui ne le faisaient pas, m'a également donné un conseil professionnel: «Le premier jour de classe, j'ai toujours dit à mes élèves: "Ne comptez pas sur le bourrage de crâne. Ne croyez pas pouvoir arriver à assimiler toute la matière seulement à la fin du semestre, ça ne fonctionnera pas." La vie est ainsi faite. Tant de gens disent qu'ils écouteront leur cœur un jour, qu'ils deviendront éventuellement la personne qu'ils souhaitent être en ce monde. Si vous devez faire quelque chose, alors faites-le maintenant. Si vous écoutez votre cœur et demeurez fidèle à vous-même, cela fonctionnera. »

Telle est la première perle de sagesse : *Demeurez fidèle à vous-même.*

Voici quatre questions qu'il convient de vous poser chaque semaine et qui vous aideront à intégrer cette perle de sagesse à votre vie :

- *« Est-ce que cette semaine ou cette journée a été satisfaisante ? Qu'est-ce qui pourrait rendre demain ou la semaine prochaine encore plus authentique ? »*

- *« Cette semaine, ai-je été le genre de personne que je veux être ? De quelle manière est-ce que je veux davantage lui ressembler demain ou la semaine prochaine ? »*

- *« Est-ce que j'écoute mon cœur en ce moment ? Quels seraient les avantages pour moi si j'écoutais réellement mon cœur en ce moment ? »*

- *« Comment est-ce que je veux vivre cette perle de sagesse plus intensément la semaine prochaine ? »*

CHAPITRE QUATRE

La deuxième perle de sagesse :
Ne laissez aucun regret derrière vous

« La conquête de la peur est le début de la sagesse. »

– Bertrand Russell

« Les larmes les plus amères que l'on verse sur les tombes viennent des mots que l'on n'a pas dits, des choses que l'on n'a pas faites. »

– Harriet Beecher Stowe

Quelle est la chose que je ne regretterai PAS à la fin de ma vie ? Je ne suis pas certain de quelle façon j'aurais répondu à cette question avant d'avoir ces conversations avec de sages aînés, mais je le sais maintenant.

Le regret est sans doute ce que nous craignons le plus ; nous ne voulons pas examiner notre vie et souhaiter avoir fait les choses autrement. D'après ce que j'ai appris au cours des 30 dernières années, ce qui a été validé par ces entrevues, la mort n'est pas ce que nous craignons le plus. Lorsque nous avons vécu pleinement et accompli ce que nous espérions accomplir, nous pouvons accepter la mort avec grâce. Ce que nous craignons le plus, c'est de ne pas avoir vécu au maximum, d'arriver au crépuscule de notre vie et d'avoir à prononcer ces mots : « J'aurais dû... »

Donc, si vous voulez trouver le véritable bonheur et donner un sens à votre vie, vous devez mettre en pratique la deuxième perle de sagesse : *Ne laissez aucun regret derrière vous.* Pour ne laisser aucun regret, nous devons vivre avec courage, tendre vers ce que nous voulons au lieu de fuir ce que nous craignons. Pour ne laisser aucun regret, nous devons surmonter les inévitables déceptions que nous réserve la vie.

Nous avons demandé à toutes les personnes interviewées de nous parler des principaux tournants de leur existence, de ces moments où elles ont dû choisir entre une voie ou une autre, et comment cette décision avait influé sur le reste de leur vie. En réfléchissant à ces moments décisifs, elles ont presque toujours mentionné qu'un élément de risque était présent, elles avaient dû aller de l'avant en dépit de la peur qu'elles éprouvaient.

Il est devenu évident pour moi qu'à la fin de notre vie, *nous ne regretterons pas* les risques que nous avons pris, même s'ils n'ont pas donné les résultats escomptés. Personne ne dit regretter d'avoir tenté quelque chose et d'avoir échoué. Au contraire, la majorité des gens disent ne pas avoir pris assez de risques.

Le fait de savoir que nous regretterons probablement ces choses que *nous n'avons pas tentées* peut avoir un impact significatif sur la façon dont nous prenons des décisions. L'échec, semble-t-il, n'est pas le regret qui hante la majorité des gens; c'est plutôt le fait d'avoir choisi de ne pas risquer d'échouer. Un grand nombre des personnes que nous avons interrogées ont dit que ce nous appelons des «erreurs» se révèlent souvent les meilleures occasions d'apprentissage qui soient.

On peut reformuler cette idée en disant qu'*on ne peut jamais garantir le succès dans la vie*, étant donné que tout ce que l'on entreprend comporte un risque d'échec. Si nous sommes amoureux, nous courons toujours le risque d'être rejetés. Si nous tentons de concrétiser un rêve, nous courons toujours le risque de ne pas y arriver. On ne peut garantir le succès, mais *nous pouvons garantir l'échec en choisissant de ne rien tenter.* Choisir de prendre un risque, même petit, peut avoir d'importantes conséquences sur la vie d'un individu.

Pour connaître une vie exempte de regrets, il faut prendre davantage de risques

Donald avait 84 ans lorsque je l'ai interviewé. Psychologue de formation, il m'a parlé de sa vie riche et significative. Il avait peu de regrets. L'une des plus grandes sources de bonheur dans sa vie a été son mariage, qui a duré 56 ans. Sa femme est décédée 6 ans avant notre entretien. Lorsque je lui ai demandé quels avaient été les moments décisifs dans sa vie, il m'a immédiatement parlé d'une soirée dansante qui avait eu lieu au collège où il étudiait, 62 ans auparavant.

«J'étais un jeune homme timide, très timide, surtout lorsque venait le moment de parler aux dames. Pendant une soirée dansante, lors de ma première année d'études au collège, j'ai vu une magnifique jeune femme traverser la pièce. Elle portait un pull de couleur crème, ses cheveux étaient soyeux et elle avait un merveilleux sourire. Dès l'instant où j'ai posé les yeux sur elle, j'ai su qu'elle était la femme de ma vie. J'ai su que c'était la femme que j'épouserais. »

Alors que le jeune Donald parcourait la salle du regard, il a réalisé que cette fille était très populaire, entourée d'autres filles populaires, et il savait que les filles populaires n'adressaient pas la parole aux garçons timides, et dansaient encore moins avec eux. Il savait qu'il risquait d'être ridiculisé et embarrassé s'il lui demandait de danser avec lui et qu'elle déclinait son offre.

« La gorge serrée, j'ai marché vers elle et je lui ai dit qu'elle était la femme que j'épouserais. Cela n'a pas semblé l'impressionner beaucoup, mais elle a tout de même accepté de danser avec moi. Nous avons dansé une fois, deux fois, trois fois. Au cours des quelques semaines qui ont suivi, j'ai dû la talonner un peu, jusqu'à ce qu'elle comprenne que cette danse durerait toute la vie. »

Une si petite décision, prise au début de la vingtaine – la décision de risquer d'échouer en tentant d'obtenir ce qu'il voulait – s'est révélée l'une des décisions les plus importantes qu'ait jamais prises Donald. Le mariage a modelé sa vie à de nombreux égards, et même six ans après le décès de sa femme, il m'a dit « qu'il ne se passait pas une seule journée sans qu'il sente sa présence à ses côtés. »

Je me suis demandé ce qui serait arrivé si la peur du ridicule l'avait emporté ce jour-là ; si Donald avait scellé son échec en n'osant pas agir ? À l'âge de 84 ans, regarderait-il en arrière et regretterait-il de ne pas avoir traversé la pièce afin de parler à cette jeune femme ?

Bien entendu, tous les petits actes courageux ne finissent pas par modeler notre vie ou s'inscrire comme un carrefour menant au bonheur. Mais comme nous ne pouvons pas connaître à l'avance les risques qu'il est important de prendre, nous devons toujours *tendre vers ce que nous voulons au lieu de fuir ce que nous craignons*.

Peut-être devons-nous finalement choisir entre *vivre dans la peur* ou *tendre vers ce que nous voulons*. Chaque fois que nous optons pour la sécurité, nous nous éloignons un peu plus de notre moi véritable. Chaque fois que nous choisissons de ne pas tendre vers ce que nous voulons, nous plantons les graines de futurs regrets.

L'un des moments les plus émouvants des entrevues que j'ai réalisées est le témoignage d'une septuagénaire appelée May. Elle m'a raconté qu'elle avait travaillé à l'écriture de six livres différents au cours des dernières décennies. Et pourtant, elle n'en avait pas encore terminé un seul. Les manuscrits inachevés dormaient dans son ordinateur.

Lorsque je lui ai demandé pourquoi elle ne les avait jamais achevés, elle m'a dit: «Tout est demeuré inachevé dans ma vie. Je croyais que c'était de la procrastination. Mais en y pensant bien, je crois que si j'avais terminé ces livres, il aurait fallu que je permette à quelqu'un de les lire. Et peut-être qu'on m'aurait alors dit que je ne sais pas écrire. Je suppose que c'est la peur du rejet qui m'a empêchée d'aller jusqu'au bout.»

J'ai ressenti une grande compassion pour elle. Elle avait 71 ans et, à cause de la peur, elle ne terminerait sans doute jamais les livres qu'elle avait portés en elle pendant toute sa vie. Bien entendu, le rejet qu'elle craignait pouvait devenir une réalité, mais il est difficile d'imaginer pire destin que de mourir avec une histoire prisonnière en soi.

Mais nous sommes nombreux à le faire. *Par crainte du rejet, ou de l'échec, ou parce que nous ne sommes pas certains de pouvoir réussir, nous mourons seul avec notre livre, nos rêves ou notre histoire.*

Lorsque j'ai interrogé les gens à propos du regret et du risque, ils ont souvent établi un lien entre les deux. J'ai également commencé à réaliser qu'ils n'appuyaient pas seulement leurs dires sur leur propre expérience de vie, mais aussi sur les décennies pendant lesquelles ils avaient observé le déroulement de la vie d'autrui. Si vous vivez assez longtemps, vous avez l'occasion d'observer la vie de nombreuses autres personnes, et les perles de sagesse de la vie vous sont parfois révélées par le biais de leur histoire.

Paul, 76 ans, a connu une brillante carrière à titre de consultant en affaires. Il avait beaucoup d'amis, il a travaillé dans plus de 70 pays et a été marié pendant de nombreuses années. Dans le cadre de son travail, il a conseillé un grand nombre de chefs d'entreprises évoluant dans diverses sphères d'activité.

«Pendant 50 ans, j'ai travaillé avec beaucoup de grands preneurs de décisions. J'ai découvert que, pour de nombreuses personnes âgées, le plus grand regret qu'elles puissent avoir à la fin de leur vie, c'est de ne *pas* avoir concrétisé leurs rêves, de ne pas avoir tenté leur chance. Les gens regrettent ce qu'ils n'ont pas fait, beaucoup plus que ce qu'ils ont fait. Leur plus grand regret à la fin de leur vie, c'est d'avoir opté pour la sécurité et de ne pas avoir fait d'erreurs. »

Ken, 63 ans, le « barbier du village » de Waukon, en Iowa, m'a raconté une histoire similaire, dont le théâtre est non pas la grande arène du monde des affaires, mais la trame d'une petite ville du Midwest des États-Unis. « Je pense à un couple qui vivait dans notre ville. Le mari a eu un cancer et est décédé. Sa femme regrettait énormément de ne pas avoir voyagé ou fait toutes ces choses dont ils avaient parlé ensemble. Dans la vie, le pire regret est d'être passé à côté de ses rêves. »

Fait révélateur, lorsque j'ai demandé à 200 personnes ce qu'elles aimeraient se dire à elles-mêmes si elles pouvaient revenir en arrière, l'une des réponses les plus courantes avait trait au fait de prendre davantage de risques. Craig, 60 ans, m'a dit : « Ce qu'on souhaite, ce n'est pas d'avoir pris davantage de risques physiquement, mais plutôt davantage de risques du cœur, des risques dans le but d'obtenir ce que nous voulons vraiment dans la vie. »

À de nombreuses reprises pendant les entrevues, les gens ont parlé de moments où ils ont pris un risque en sachant que cela leur permettrait de faire un pas significatif vers le bonheur. Juana, une sexagénaire, m'a parlé d'une offre d'emploi qu'elle a reçue lorsqu'elle était dans la cinquantaine. Elle avait toujours joué un rôle de leader dans la communauté hispanique et lorsqu'elle a décidé de quitter une organisation pour laquelle elle avait travaillé pendant de nombreuses années (et en même temps la maison où elle avait vécu 27 ans), elle s'est soudain retrouvée « en train d'errer dans le désert». Pénétrer dans le monde du développement du leadership en grossissant les rangs d'un organisme œuvrant sur une plus grande échelle lui semblait un énorme pas à franchir.

Elle m'a dit : «J'avais passé toute ma vie au sein de ma communauté et je ne m'étais jamais retrouvée devant un auditoire composé uniquement de Blancs, et soudain j'avais le sentiment d'être une novice.» Comme tant de gens que j'ai interrogés, elle affirme que le fait d'avoir pris ce risque a grandement contribué à son épanouissement. «Cela a élargi mes horizons, et je me rends compte maintenant que si je n'avais pas pris de risques, il y a tout un monde qui ne se serait jamais ouvert pour moi.» Elle a ensuite écrit des livres traitant du leadership interculturel, ce qu'elle n'aurait fort probablement pas fait dans le cocon de son monde antérieur.

Le secret de l'absence de regrets

Tout cela nous laisse avec des questions plus importantes : «Comment prendre davantage de risques pour obtenir ce que nous voulons ? Comment vivre sans regretter les gestes que nous n'avons pas effectués ?»

Ma plus grande enseignante dans ce processus a sans doute été une septuagénaire qui a grandi en Allemagne pendant la Seconde Guerre mondiale. En songeant à ce qu'avait été sa vie, elle m'a dit que les plus importants tournants avaient été les moments où elle avait dû faire preuve de courage et faire fi de la peur. Par exemple, après la guerre, la vie était très difficile en Allemagne. Âgée de 22 ans, Elsa a pris le premier de nombreux grands risques. Elle a décidé d'émigrer au Canada et de commencer une nouvelle vie. À cette époque, elle ne connaissait personne en Amérique, n'avait aucun emploi en vue et ne parlait que l'allemand. Elle m'a dit que, avec le recul, bien que cette décision lui ait semblé très risquée, elle avait été le moment décisif dans sa vie.

Lorsque je lui ai demandé de quelle façon elle avait pris ces risques importants, elle m'a dit : «Chaque fois que j'évaluais un risque, je commençais par imaginer tout ce que cela pourrait m'apporter de bon. J'échafaudais tout ce qui deviendrait réalité si je réussissais. Et puis, je pensais au pire qui pourrait m'arriver. Je me demandais si j'arriverais à surmonter l'épreuve, et je répondais chaque fois par l'affirmative. Par exemple, il se pouvait que rien ne fonctionne pour moi au Canada. Je serais sans le sou et seule, mais je savais que je pourrais toujours rentrer au pays.

«Et puis j'anticipais les grandes possibilités qui s'offriraient à moi, au début d'une nouvelle vie; j'envisageais que je me ferais de nouveaux amis, trouverais l'amour et élèverais mes enfants dans ce pays neuf. C'est cette image que je gardais devant les yeux. Chaque fois que j'hésitais, je concevais tous les bons côtés que je souhaitais tant. Je gardais toujours à l'esprit que de renoncer aux bonnes choses qui étaient possibles était bien pire que les conséquences d'un échec.»

Un grand nombre d'entre nous vit en faisant le contraire. Lorsqu'un risque se présente, nous imaginons le pire et c'est cette image que nous gardons sous les yeux.

C'est peut-être pour cette raison que Donald est allé au-devant de cette jeune femme lors de cette soirée dansante au collège (cette fille populaire entourée de filles populaires). Il savait qu'il pouvait ainsi se ridiculiser, mais il ne se permettrait pas de s'éloigner de celle qu'il savait être la femme de sa vie. Et May, cette septuagénaire qui avait six livres inachevés à son actif ; si elle s'était concentrée sur les avantages possibles qu'aurait pu lui procurer l'achèvement d'un livre, sur un sentiment d'accomplissement, cette image aurait peut-être fait pâlir celle de la peur de l'échec.

De tels témoignages ne peuvent que nous aider à surmonter la crainte du rejet, mais être couchés sur son lit de mort et se dire que nous aurions dû terminer un livre que nous avons commencé ou faire ces voyages dont nous avons toujours rêvé, voilà vraiment la pire des éventualités.

Pendant mon enfance à New York, en pleine guerre froide, la menace d'un conflit nucléaire était très réelle. J'étais en 2e année lorsque John Kennedy a été assassiné. Je me rappelle clairement les exercices que nous faisions à l'école en prévision d'un raid aérien. J'ai vu des films dans lesquels on faisait des essais nucléaires : les maisons explosaient et disparaissaient. Nous faisions ces exercices tous les quatre mois, nous préparant à l'arrivée de « la bombe ».

Encore aujourd'hui, je me souviens de la peur que je ressentais à l'idée qu'un jour, alors que je serais assis à mon pupitre, la vie que je connaissais s'achèverait soudain. Lorsque les sirènes hurlaient, le professeur ordonnait à tous les élèves de s'accroupir sous leur pupitre. Je ne pouvais m'empêcher de penser que mon vieux pupitre de bois auquel une chaise était fixée ne pourrait pas m'offrir beaucoup de protection.

Un jour, pendant un exercice, l'un de mes amis appelé Kenny s'est dirigé vers la fenêtre alors que nous étions tous peureusement tassés sous notre pupitre. Le professeur lui a dit : «Qu'est-ce que tu fais ? Installe-toi sous ton pupitre !» Kenny a répondu : «M. Brown, comme ils m'auront de toute façon, je préfère rester debout et observer la grande lueur de la bombe plutôt que de me cacher sous mon pupitre !»

Un grand nombre d'entre nous vit toute notre vie cachés sous notre pupitre, croyant que l'échec et le rejet sont les pires choses qui puissent nous arriver. Toutefois, les 200 entrevues que j'ai réalisées m'ont permis d'arriver à une autre conclusion ; j'estime maintenant que ce que nous *devons craindre le plus est le regret de ne pas avoir essayé.*

Choisissez la voie qui donnera la meilleure histoire

Comment faire pour connaître une vie exempte de regrets ? Dans l'introduction de ce livre, j'ai parlé d'une femme appelée Margaret qui m'a raconté comment elle avait tenté de vivre en imaginant la vieille femme qu'elle deviendrait plus tard, assise dans une berceuse sur sa véranda. Elle m'a dit que chaque fois qu'elle devait prendre une décision, elle se posait la question suivante : «*Lorsque je serai une vieille femme assise dans ma berceuse et que je réfléchirai à ma vie, quelle décision est-ce que j'espérerai avoir prise ?*» Elle m'a raconté que, dans presque tous les cas, la voie qu'elle devait suivre lui apparaissait alors clairement. Deena Metzger, l'auteure et guide spirituelle bien connue, résume ainsi cette approche : « Choisissez la voie qui donnera la meilleure histoire. »

C'est une façon intéressante et toute simple de connaître une vie exempte de regrets. Il suffit de continuellement regarder de l'avant et de se demander : *« Quand je serai vieux et que j'arriverai au crépuscule de ma vie, est-ce que je regretterai le geste que je m'apprête à faire ? Est-ce que la façon dont je vis actuellement me fera m'engager sur la voie du regret ou sur la voie de la satisfaction ? »*

Plus tôt dans ma vie, en tant que jeune adulte, j'ai eu de nombreuses occasions de faire des choses intéressantes. En écoutant les témoignages de ces gens, j'ai réalisé que certains des plus grands regrets que j'avais étaient reliés aux occasions que je n'avais pas saisies, souvent parce j'avais eu peur. L'un de ces moments a eu lieu alors que j'étais au séminaire, étudiant pour devenir ministre du culte.

À deux occasions, on m'a offert de participer à un stage d'aumônerie pendant l'été, dans deux des grands parcs nationaux des États-Unis (Great Teton et Shenandoah). La nature avait toujours occupé une place privilégiée dans mon cœur, mais j'avais grandi dans une grande ville et n'avais jamais eu la chance de passer beaucoup de temps en plein air. La perspective de travailler dans un parc était extrê-mement attrayante, et une partie de moi-même savait que cette expérience serait inestimable.

Cependant, je fréquentais une jeune femme à cette époque et l'éventualité d'être séparé d'elle pendant plusieurs mois ne m'enchantait guère. J'ai donc décliné les deux offres. Si je m'étais projeté dans l'avenir et m'étais vu à un âge avancé sur ma véranda, je me serais peut-être entendu dire : *« Si cette relation est solide, elle survivra à ton absence ; tu aimes la nature et on ne t'offrira peut-être jamais plus une occasion pareille. »* Ma relation avec cette jeune femme n'a pas duré et une occasion similaire ne s'est plus jamais présentée.

Voici un autre exemple plus récent. L'année dernière, un très bon ami m'a offert la possibilité de passer un mois en Afrique de l'Est avec 15 autres hommes d'environ 50 ans afin d'y rencontrer les aînés de diverses tribus et de camper dans la nature sauvage. C'était un rêve qui pouvait soudain devenir réalité, mais c'était aussi l'époque de l'année où j'étais le plus occupé et ce voyage m'obligerait à remettre à plus tard de nombreuses tâches. Mais cette fois, j'ai rendu visite au vieil homme sur sa véranda.

Il m'a dit : « Lorsque tu auras mon âge, l'argent que tu n'auras pas gagné pendant ce mois ne te manquera pas, et l'Afrique sera dans ton cœur. » J'ai fait le voyage, j'ai découvert plusieurs cultures fascinantes, j'ai vu des paysages extraordinaires et ma famille m'a manqué ; ce qui m'a rappelé à quel point elle était importante pour moi. Pendant que j'étais en Tanzanie, j'ai parlé avec des aînés aborigènes et c'est là-bas que l'idée de ce projet a germé. Si je m'étais laissé arrêter par mon emploi du temps « chargé », je serais passé à côté de l'une des expériences les plus importantes de ma vie.

En ce qui a trait à la deuxième perle de sagesse, les conversations ayant donné naissance à cet ouvrage m'ont avant tout appris qu'il faut absolument tenter de faire les choses que nous voulons dans la vie, car il est peu probable que nous le regrettions ensuite, même si nous échouons. Aussi, si une réconciliation doit être effectuée avec quelqu'un, voyez-y maintenant. Lorsque j'ai interrogé les gens à propos de leurs regrets, la plupart d'entre eux ont parlé de relations interpersonnelles rompues, de problèmes non résolus, de mots non dits, de blessures jamais guéries.

Vivez comme si le temps vous était compté

Au fil des ans, j'ai animé plusieurs retraites axées sur l'épanouissement personnel et le développement du leadership avec mon très cher ami le Dr David Kuhl, un auteur et un excellent médecin. Pendant ces ateliers, nous demandions aux participants d'imaginer qu'il ne leur restait que six mois à vivre. Nous précisions que rien ne pouvait prédire si ces mois seraient paisibles ou difficiles. Et puis nous fixions une date, exactement six mois plus tard.

Nous leur disions : «Faites semblant que vous mourrez à cette date précise, dans six mois. Quelles sont les cinq choses que vous devez faire avant cette échéance?» Un silence tendu s'installait dans la salle, souvent entrecoupé par des blagues maladroites. Les participants commençaient ensuite à noter ce qu'ils devaient faire pendant ces six mois. La majorité d'entre eux ont parlé de problèmes relationnels devant être réglés. Parfois, ils mentionnaient un rêve dont la concrétisation avait longtemps été reportée.

Nous avons ensuite demandé aux participants : «S'il ne vous reste que six mois à vivre et si ce que vous avez inscrit sur votre liste ce sont des choses que vous devez faire, ont-elles assez d'importance pour que vous les fassiez peu importe le temps qu'il vous reste?» Ce qui n'a pas été dit, mais qui était une évidence pour tous, c'est que nous sommes déjà dans cette position. Il se peut fort bien qu'il ne nous reste que six mois à vivre, et le fait de nous demander comment nous vivrions si le temps nous était ainsi compté nous met sur la voie d'une vie sans regrets.

Bob, le biologiste de 59 ans, m'a parlé de façon émouvante de la nécessité de ne pas nourrir de regrets à propos de nos relations avec les autres. «À une certaine époque, mes parents et moi avons été profondément brouillés. Ils n'approuvaient pas mon futur mariage et ils nous ont littéralement fermé leur porte à ma fiancée et à moi, disant que si je la préférais à eux, je n'avais qu'à sortir de leur vie. Ce froid entre nous a duré de nombreuses années, mais je me suis dit un jour qu'il fallait que nous ayons une conversation et que nous réglions notre différend. Tant de gens laissent aller les choses, et cela les hante jusqu'à la fin de leur vie. Il faut au moins essayer de se réconcilier.»

Lucy, maintenant septuagénaire, a cessé d'être en bons termes avec sa mère pendant de nombreuses années. C'est à peine si elles se sont adressé la parole au cours des 20 dernières années de la vie de sa mère. «J'aurais aimé me rapprocher d'elle plus tôt et tenter de lui enseigner à aimer. J'aimerais dire à tous ceux qui veulent bien m'écouter que s'ils ont quelque chose à dire, ils doivent le faire sans tarder, même s'ils ne sentent pas prêts à le faire.»

Il y a plusieurs années, une femme appelée Betty a assisté à une retraite que j'animais. J'ai parlé du regret et des relations chancelantes que nous avons souvent. J'ai demandé à tous les participants d'écrire le nom d'une personne avec qui ils avaient eu une querelle. Je leur ai ensuite demandé de s'imaginer à la fin de leur vie, assis sur leur véranda. Qu'auraient-ils aimé qu'il se passe avec cette personne ?

Quelques semaines plus tard, j'ai reçu une lettre de Betty. Elle m'écrivait que son fils et elle ne s'étaient pas parlé depuis près de 20 ans. Une petite dispute s'était transformée, après des années de négligence, en une profonde blessure. Ni l'un ni l'autre n'avaient fait les premiers pas vers une réconciliation. Après mon atelier, Betty avait pensé au moment où elle serait une vieille dame et avait décidé qu'elle regretterait profondément de ne pas avoir tenté de ressouder cette relation. Dans sa lettre, elle disait encore : « J'ai compris que je pourrais vivre avec son rejet, mais que je serais incapable de vivre sans avoir essayé de m'entendre avec lui. »

Elle lui a téléphoné et lui a expliqué ce qu'elle ressentait. Elle lui a dit : « J'arrive à peine à me rappeler ce qui s'est passé entre nous, et peut-être que c'était important à l'époque. Je suis désolée si je t'ai blessé autrefois, mais 20 ans c'est trop long pour des gens qui avaient l'habitude de se serrer dans leurs bras. » Son fils a accepté de lui parler, et des années de douleur ont ainsi été effacées. Sans compter qu'à la fin de leur vie, ils ne seront pas affligés d'un regret certain.

Lorsque j'ai demandé à mon ami Bob, maintenant âgé de 60 ans, s'il avait peur de mourir, il m'a dit : « Je ne suis pas nerveux à l'idée de mourir. Je partirai avec le sourire. Je suis satisfait de la vie que j'ai menée, de l'héritage que je laisse, et de la façon dont j'ai vécu. » C'est là la récompense d'une vie exempte de regrets.

Bien entendu, la perfection n'existe pas dans ce monde, et nous aurons quelques regrets peu importe nos efforts. Certaines des personnes qui ont été présentées par d'autres comme étant les personnes les plus sages à leur connaissance ont néanmoins quelques regrets. Même si nous avons mené une vie satisfaisante, nous regretterons toujours quelque chose. Cependant, ces personnes sages m'ont enseigné à gérer le regret.

Ne vous laissez pas ronger par les regrets

De nombreuses personnes m'ont dit qu'il était important de ne pas accorder trop d'importance aux regrets et de ne pas être trop sévère avec soi-même. John, qui avait presque 94 ans lorsque je l'ai interviewé, a fait quelques sages observations au sujet du regret. Il avait passé les 35 premières années de sa vie adulte à travailler comme journaliste pour le compte du parti communiste du Canada. Jeune homme très idéaliste, ayant été profondément secoué très tôt dans l'adolescence par l'injustice qu'il voyait dans le monde, il avait décidé de consacrer sa vie « au parti » qu'il considérait, comme bien d'autres à cette époque, comme un véhicule de justice sociale.

Puis au fil des ans, il a fini par douter de la pertinence des buts du parti et de ses méthodes, mais il a continué à travailler dans l'espoir que les choses changeraient. Il a vu une lueur d'espoir lorsqu'il a eu l'occasion de travailler en tant que rédacteur en chef d'un magazine communiste international à Prague. C'était en 1968, et un mouvement de réforme venait de naître en Tchécoslovaquie, revendiquant « un socialisme à visage humain ». Mais cet espoir a été brutalement balayé lorsque les chars d'assaut russes sont entrés au pays et ont écrasé ce nouveau mouvement de réforme. Ils ont également écrasé la foi que John avait mise dans le parti. Pour lui, cela a été, comme il le dit : « la goutte qui a fait déborder le vase ». Peu après son retour au Canada, il a quitté le parti.

Cependant, il ne s'est pas laissé étouffer par le regret, ce qui est une caractéristique commune chez tous les gens que nous avons interviewés. Je me suis rendu compte que ces gens n'avaient pas moins de déceptions ou de désillusions que nous, mais qu'ils les géraient différemment. Comme John me l'a dit : « Pendant la première moitié de ma vie, j'ai espéré faire de ce monde un monde meilleur, et puis j'ai dû vivre avec une amère désillusion. Les regrets sont alors inévitables et on se demande parfois : *« Est-ce que j'ai perdu mon temps ? »* Je sais que j'ai tiré un enseignement de mes expériences, mais je me demande également parfois à quoi aurait ressemblé ma vie si j'avais choisi une autre route. Mais on ne peut pas vivre avec des « si ».

J'ai vécu le reste de ma vie comme elle s'est présentée et elle m'a réservé beaucoup de moments heureux. Dès l'enfance, j'ai su que j'avais un talent artistique, mais mon travail ne m'a jamais permis de l'exprimer. Pendant les deux années que j'ai passées à Prague, j'ai eu davantage de temps libre et j'ai suivi un cours de dessin d'après nature, et c'est devenu un loisir qui a donné un sens au dernier tiers de ma vie. De retour au Canada, j'ai mis à profit les talents de rédacteur que j'avais développés pendant toutes ces années passées auprès du parti pour œuvrer dans le domaine de la santé, un travail que j'ai trouvé gratifiant pendant encore 15 ans. J'ai également suivi des cours d'arts graphiques, me spécialisant dans l'aquarelle et, après avoir pris ma retraite, la peinture est devenue ma troisième carrière. Sans ces moyens indirects que certains pourraient associer à des regrets, il y a tant de bonnes choses qui auraient pu ne jamais se produire dans ma vie. »

Elsa, une septuagénaire, m'a dit que c'est sa fille qui lui a donné le meilleur conseil qu'elle n'ait jamais reçu : « Maman, il faut te secouer un peu et te relever. » Un trait commun chez ceux qui ont trouvé le bonheur est leur habileté « à se secouer et à se relever ». Ce n'est pas qu'ils ont eu moins de déceptions que les autres, mais ils ont refusé de se laisser abattre par les revers. *C'est peut-être le pas en avant que nous faisons après un échec qui détermine souvent le bonheur dans la vie.*

Bien sûr, nous aurons toujours des obstacles à surmonter, et cela exigera souvent que nous prenions encore des risques. Nous devrons aimer encore après avoir été blessés ou ignorés. Nous devrons essayer encore après un échec ou un rejet. Ou, comme cela a été le cas pour John, nous devrons tout simplement réaliser que nous nous étions engagés dans la mauvaise voie. John s'est secoué et a corrigé sa trajectoire. Les témoignages de plus de 200 personnes ont fait ressortir cette caractéristique commune.

Il faut faire preuve d'une grâce tranquille lorsqu'il s'agit du regret. On dit souvent qu'on ne peut pardonner aux autres si l'on est incapable de se pardonner à soi-même. Bien que l'une des perles de sagesse soit de ne laisser aucun regret derrière soi, la majorité d'entre nous en aura quand même quelques-uns. Il faut donc choisir d'y apporter un remède, de les envelopper de pardon, de reconnaître que nous avons généralement fait de notre mieux au moment où nous avons agi. C'est un signe de sagesse que d'être capables d'accepter le regret et ensuite de lâcher prise. C'est en effet la façon de gérer le regret qui distingue les « sages aînés » des gens moins heureux. Les gens les plus heureux ont fait la paix avec eux-mêmes, alors que les gens malheureux ont ressassé leurs regrets et ont raté des occasions.

Cependant, les regrets ont une fonction positive très importante dans notre vie. Ils peuvent nous rappeler ce qui compte vraiment, et si nous y prêtons nettement attention, ils peuvent éviter que nous sombrions dans l'amertume. Étant donné que j'ai regretté de ne pas être allé travailler dans des parcs nationaux, j'ai accepté d'aller en Afrique. Nous pouvons toujours rendre visite à cette ancienne version de nous-mêmes afin qu'elle nous dicte notre conduite. Il n'y a pas de vie sans regrets ni erreurs, mais si nous vérifions régulièrement auprès de notre ancien moi, il est moins probable que nous laissions inachevé ce que nous sommes destinés à accomplir dans ce monde.

Lorsque j'ai demandé aux sages aînés s'ils avaient le sentiment d'avoir pris suffisamment de risques, presque tous ont dit non. Peut-être qu'après avoir connu une longue vie commençons-nous à réaliser qu'il y avait beaucoup moins à perdre que nous ne le pensions. Quels risques prendriez-vous si vous saviez qu'il ne vous reste qu'un an à vivre ? Joueriez-vous prudemment ? Vous cacheriez-vous sous votre pupitre ou resteriez-vous debout devant la fenêtre à admirer le spectacle ? Si vous examiniez votre vie avec l'œil d'une personne âgée assise sur sa véranda, que souhaiteriez-vous avoir accompli ?

Telle est la deuxième perle de sagesse :
Ne laissez aucun regret derrière vous.

Voici quatre questions qu'il convient de vous poser chaque semaine et qui vous aideront à intégrer ce secret à votre vie :

- *« Est-ce que je me suis laissé gouverner par la peur aujourd'hui ou cette semaine ? Comment faire preuve de plus de courage demain ou la semaine prochaine ? »*

- *« Est-ce que j'ai agi selon mes convictions cette semaine ? Comment puis-je le faire encore davantage la semaine prochaine ? »*

- *« Quel geste est-ce que j'effectuerais dans ma vie dès maintenant si je surmontais ma peur et faisais preuve de courage ? Qu'est-ce que je ferais différemment dès maintenant si je m'inspirais de la vision de la vie de cette personne âgée qui est assise sur sa véranda ? »*

- *« Comment est-ce que je réagis actuellement aux revers que je subis dans ma vie ? Est-ce que je vais de l'avant ou est-ce que je bats en retraite ? »*

CHAPITRE CINQ

La troisième perle de sagesse : Devenez amour

«Une existence sans amour est une vie vide, sans but.»

— Leo Buscaglia

«Si vous voulez que les autres soient heureux, faites preuve de compassion. Si vous voulez être heureux, faites preuve de compassion.»

— Le dalaï-lama

D avid, qui est maintenant septuagénaire, m'a parlé de ce qu'il a vécu alors que son père était mourant. Les membres de la famille s'étaient réunis, venant de tous les coins du monde, afin de passer avec leur père ses derniers jours. David a remarqué que, pendant cette période, son père n'a pas parlé des biens qu'il possédait. Il n'a fait aucune mention de ses voitures, de ses maisons, ni de toutes ces autres choses qu'il avait acquises au cours de sa vie. Il s'est plutôt entouré de photographies lui remémorant des moments précieux : mariages, naissances, voyages en famille et réunions avec des amis.

En regardant son père, David a conclu : « À la fin de notre vie, lorsqu'il ne nous reste que peu de temps, l'amour est vraiment la seule chose qui nous tient à cœur. » Pendant de nombreuses années, David a porté en lui cette image, une image qui lui a dicté sa façon de vivre. Leo Buscaglia, le célèbre écrivain italo-américain, a dit un jour qu'« une existence sans amour est une vie vide, sans but ».

Les centaines de conversations que nous avons eues ont clairement montré que l'amour, autant celui qu'on donne que celui qu'on reçoit, est la composante fondamentale d'une vie humaine heureuse et significative. Bien entendu, cette conclusion était prévisible. Lorsque j'ai demandé à des gens de deviner ce que j'avais découvert auprès de ces aînés, la vaste majorité d'entre eux ont dit que l'amour était sans doute la plus grande source de bonheur et la plus grande source de regret. Ils avaient raison.

Mais ce n'est pas seulement le fait de *recevoir de l'amour* qui compte. En effet, j'ai appris que, pour connaître une vie heureuse et significative, il faut également *être une personne aimante*. Donc voici la troisième perle de sagesse qu'il faut connaître avant de mourir : *Devenez amour.*

L'amour en tant que choix

Je dis que nous devons devenir amour, mais je dois d'abord définir ce qu'est l'amour. L'amour est un mot qui a de nombreux sens. Il est nécessaire de faire la distinction entre l'*émotion* qu'est l'amour et le *choix* d'aimer. Dans notre société, l'amour est généralement perçu comme n'étant qu'une émotion. Nous disons, par exemple : «Elle est passionnément amoureuse de lui», «nous aimons le golf et la pizza», «nous aimons faire la fête», etc., mais nous faisons alors référence à l'émotion qui est reliée au sentiment d'amour.

Cependant, en écoutant les personnes que nous avons interviewées, je me suis rendu compte que lorsqu'elles parlaient de l'importance que l'amour avait dans leur vie, elles faisaient davantage référence à un choix qu'à une émotion. Pour elles, le secret d'une vie heureuse et significative consistait à choisir délibérément d'être une personne aimante, de *devenir amour*.

Bien que nous n'ayons pas la capacité d'«être aimés» à volonté, nous avons le pouvoir de devenir amour en tout temps. Il y a trois façons d'intégrer cette perle de sagesse à notre vie. Premièrement, en choisissant de nous aimer nousmêmes. Deuxièmement, en choisissant de traiter avec amour les gens qui nous sont chers (famille, amis, etc.). Et troisièmement, en choisissant de devenir amour dans toutes nos interactions.

Paul, 73 ans, un homme d'affaires à la retraite, m'a dit au tout début de notre entrevue qu'il souffrait d'un cancer. Il m'a également dit qu'il faisait du bénévolat à titre de personne de compagnie dans un centre de soins palliatifs. Il passait donc des heures auprès de gens qui étaient en phase terminale et il tentait d'adoucir le plus possible leur cheminement vers la mort. Même s'il souffrait lui-même d'une maladie mortelle, il passait ses journées à réconforter des mourants.

Il m'a parlé d'une expérience qu'il a vécue le jour où il est allé tenir compagnie à un homme qu'il ne connaissait pas. L'accompagnateur qu'il venait remplacer l'a pris à part. «Il m'a dit que l'homme à qui j'allais tenir compagnie avait le cancer et que son visage était atteint. Il a poursuivi en précisant que l'homme était défiguré et qu'il me fallait me préparer, car j'aurais peut-être un choc en le voyant. Lorsque je suis entré dans sa chambre et que j'ai vu son visage totalement déformé et couvert de plaies, j'ai d'abord ressenti du dégoût.»

Paul se rappelle que, malgré ce premier mouvement de recul, il s'était senti capable de choisir d'aimer cet homme. «J'ai aussitôt choisi de le voir avec les yeux de l'amour. Son visage a alors changé à mes yeux, et j'ai vu la beauté qu'il y avait en cet homme. J'ai pu voir son esprit s'illuminer, car je crois qu'inconsciemment il s'est rendu compte que j'avais choisi de l'aimer.» Paul a compris quelque chose que de nombreuses personnes que j'ai interrogées m'ont également dit: ce pouvoir que nous avons de choisir d'aimer peut nous transformer.

L'amour dont je parle n'est pas l'émotion d'amour; je parle de *choisir de devenir une personne aimante*. Lorsque je parle de la troisième perle de sagesse, qui consiste à *devenir amour*, je ne parle pas de ressentir de l'amour, mais de choisir d'aimer.

Aimez-vous d'abord

La première façon de vivre cette perle de sagesse consiste à choisir de s'aimer soi-même. Si nous ne choisissons pas fondamentalement de voir notre propre valeur, nous ne pourrons pas trouver le bonheur. L'amour de soi est essentiel à la santé spirituelle de l'être humain. Pour certains d'entre nous, l'amour de soi est tout naturel à cause de notre éducation et des expériences qui, tôt dans la vie, nous ont fait découvrir notre propre valeur, mais pour d'autres, l'amour de soi est une chose ardue.

Dans le chapitre précédent, j'ai parlé d'Elsa, 71 ans, et de la façon dont elle avait su prendre des risques dans sa vie. Mais elle m'a également beaucoup appris sur l'amour. Ayant grandi pendant la Seconde Guerre mondiale en Allemagne, elle a eu une enfance très difficile. Son père était officier dans l'armée allemande. Elle avait deux frères aînés, mais son père avait toujours voulu une fille et il avait entouré Elsa d'amour et d'affection dès sa naissance. Mais il avait déserté le foyer familial alors qu'Elsa n'avait que 5 ans, choisissant de ne pas rentrer chez lui après la guerre. Elsa avait alors eu le sentiment que sa mère ne l'aimait plus.

«Je me rappelle que je ne me sentais pas très aimée par ma mère. J'avais l'impression qu'elle préférait mes deux frères. Ce n'est que de nombreuses années plus tard, ayant atteint l'âge adulte, que j'ai su avec certitude que cette impression n'était pas le fruit de mon imagination. Mon père avait toujours voulu avoir une fille et il m'avait entourée d'amour. Lorsqu'il a abandonné ma mère, elle a reporté son ressentiment sur moi. Imaginez ce que c'est pour une petite fille de sentir que sa mère ne l'aime pas et de ne pas savoir pourquoi.»

N'étant pas aimée de sa mère, Elsa a vécu une adolescence difficile, mais elle se rappelle le moment où elle a compris une chose importante. «À un moment donné, je ne me rappelle pas exactement quand, j'ai pris conscience que si je ne pouvais pas me faire aimer, je devais «devenir amour». C'est difficile à expliquer, mais j'ai compris que si j'avais peu de contrôle sur l'amour que je pouvais attendre des autres, j'avais le contrôle total sur l'amour que je pouvais leur offrir. J'ai compris que si je devenais une personne aimante, les autres ne pourraient faire autrement que de m'aimer. J'ai également compris que Dieu m'aimait, que ma seule qualité d'être humain faisait de moi une personne de très grande valeur, et que c'était là quelque chose que personne ne pouvait m'enlever. Même si je suis incapable de l'expliquer clairement, il y a eu une transformation en moi lorsque j'ai décidé de devenir amour au lieu de chercher l'amour. »

Le témoignage d'Elsa nous rappelle que nous avons peu de pouvoir sur l'amour que nous recevons, mais une maîtrise totale sur l'amour que nous donnons. Peu importe la façon dont nous avons été traités par les autres, le fait de devenir amour nous transforme. La vie de gens tels que Nelson Mandela en est la preuve. Injustement emprisonné pendant des décennies, il a choisi l'amour. Et ce choix a contribué au processus de guérison et de transformation de l'Afrique du Sud. L'histoire regorge d'exemples du contraire, d'opprimés qui sont devenus oppresseurs (dans des pays ou au sein de familles). De plus, le témoignage d'Elsa nous rappelle que, pour devenir une personne aimante, chacun de nous doit commencer à se donner de l'amour à soi-même.

L'un des meilleurs moyens de choisir de s'aimer soi-même est de prêter attention à ce que nous ressentons. On dit que l'on est ce que l'on mange, mais d'un point de vue spirituel, nous sommes ce que nous pensons. Les êtres humains ont en moyenne de 45 000 à 55 000 pensées chaque jour, ce qui représente une phénoménale conversation intérieure. Nous nous parlons à nous-mêmes toute la journée. La majeure partie de nos pensées sont anodines, mais un grand nombre d'entre elles influent grandement sur notre perception de soi. Par exemple, chaque fois que nous nous disons des choses telles que : *«Je suis un perdant», «je ne suis pas sympathique», «je ne suis pas attirant», «il faut que je fasse mes preuves», «je suis obèse», «je ne suis pas un bon parent», «je ne suis pas une bonne personne»*, nous commettons des actes qui sapent notre amour de soi.

Lee, 78 ans, a passé sa vie à tenter de comprendre le cerveau humain et la façon dont nous nous hypnotisons nous-mêmes avec nos pensées. Il m'a dit : «Souvent, c'est à un jeune âge que s'effectue notre programmation, que nous devenons hypnotisés par une certaine perception de soi toxique. C'est ce qui m'est arrivé. Mais c'est également grâce à nos pensées que nous avons le pouvoir de nous déprogrammer en choisissant de planter dans notre esprit soit des fleurs, soit de mauvaises herbes. L'inconscient traite chaque pensée comme une prière.»

À ces mots, j'ai réalisé que la majorité des gens que j'ai interviewés, ces individus que d'autres avaient décrits comme ayant trouvé le véritable bonheur et la sagesse, passaient la majeure partie de leur temps à planter des fleurs. L'inconscient traite effectivement chaque pensée comme une prière. Ces gens m'ont parlé du pouvoir des pensées que nous choisissons de choyer. Lee a parlé de «planter des fleurs ou de mauvaises herbes». L'amour de soi dépend de la façon dont nous nourrissons notre esprit. Et nous pouvons exercer un contrôle sur cette conversation intérieure.

Le père de Pravin, un homme que j'ai interviewé, souffrait d'une grave maladie mentale et s'est suicidé. Pendant de nombreuses années, Pravin s'est senti profondément responsable de la maladie de son père et a été habité d'un sentiment d'impuissance généré par la crainte de souffrir lui aussi, un jour, d'une maladie mentale. Ce n'est que longtemps après avoir atteint l'âge adulte qu'il a réalisé qu'il dépensait énormément d'énergie à prouver sa valeur. Il a également réalisé qu'il passait ses journées à planter de mauvaises herbes dans son inconscient. Chaque jour, il permettait à ses pensées de lui prouver sa médiocrité.

Et puis, au cours d'une période d'introspection et de réflexion personnelle, il s'est rendu compte que, en tant qu'adulte, il avait le pouvoir de choisir de s'aimer. Chaque jour, il pouvait choisir de chasser les pensées qui l'abattaient. Chaque fois qu'il avait une pensée dévalorisante, une pensée lui faisant croire qu'il était responsable de la maladie de son père ou qu'il deviendrait comme lui, il avait le pouvoir de la remplacer par une autre qui lui remontait le moral.

Il lui a fallu beaucoup de temps pour effectuer ce changement, mais il a réussi à se déprogrammer. Et nous avons tous le pouvoir d'amorcer ce processus, c'est-à-dire de remplacer nos pensées dévalorisantes par des pensées positives, de remplacer «je suis responsable de la maladie de mon père» par «cette maladie n'était la faute de personne et je n'y pouvais rien». Pravin avait le pouvoir de remplacer: «Je vais devenir comme mon père» par «je ne suis pas mon père et je vais créer ma propre destinée.» De prime abord, cette approche peut sembler aller de soi et ne pas être digne de discussion, mais il est étonnant de constater à quel point nous sommes nombreux à entretenir des pensées dévalorisantes et à ne pas traiter notre âme avec amour.

Il y a une merveilleuse légende dans la tradition Navajo. Un vieil homme dit à son petit-fils qu'il a parfois l'impression qu'une bataille se déroule en lui. Il dit qu'il s'agit d'un combat entre deux loups. L'un représente le mal. C'est le loup de la colère, de la culpabilité, du ressentiment, de l'infériorité, de la supériorité, de la peur de guérir le corps et l'esprit, de la peur de réussir, de la peur d'explorer ce qui a été qualifié de vérité par autrui, de la peur de marcher dans les mocassins des autres et d'entrevoir leur réalité dans leurs yeux et leur cœur, et d'utiliser de vides excuses que notre cœur sait fausses. L'autre loup représente la bonté. C'est le loup de la joie, de la paix, de l'amour, de l'espoir, de la sérénité, de l'humilité, de la gentillesse, de l'empathie, du soin que l'on apporte à ceux qui nous ont aidés même si leurs efforts n'ont pas été parfaits, du désir de se pardonner à soi-même et aux autres, et de comprendre que notre destin repose entre nos mains.

Le petit-fils a réfléchi et a demandé : «Mais grand-père, quel loup gagne la bataille?» Son grand-père a répondu : «Celui que je choisis de nourrir.»

La première partie de cette perle de sagesse consiste donc à nourrir le bon loup qui vit en nous.

Faites de l'amour une priorité

La seconde partie de cette perle de sagesse consiste à choisir d'agir avec amour envers ceux qui nous sont chers et de faire une priorité des relations aimantes dans notre vie. Lorsque j'ai demandé aux gens quel était le plus grand bonheur pour eux, leur première réponse avait toujours trait à leur conjoint, leurs enfants, leurs parents et leurs amis. Encore et encore, j'ai constaté que les gens qui veillent à développer des relations personnelles profondes trouvent le bonheur.

Inversement, lorsque j'ai interrogé les mêmes individus à propos du regret, leur première réponse se rattachait également aux relations, soit parce qu'ils n'en avaient pas fait une priorité, soit parce qu'ils n'avaient pas agi avec amour envers ceux qui comptaient le plus pour eux. Il y de nombreuses années, lorsque j'étais ministre du culte, un homme amer m'a dit : «J'ai consacré la majeure partie de ma vie à des objets. Les gens venaient toujours loin derrière dans mes priorités. Je constate maintenant que ma BMW ne me rend pas visite dans la maison de repos où j'habite.»

Parmi tous les gens que j'ai interviewés, j'ai particulièrement apprécié Ken, un homme de 62 ans. Il m'a été décrit par son fils, un directeur administratif d'hôpital, comme étant la personne la plus sage qu'il connaissait. J'ai été agréablement surpris par le nombre de gens qui ont présenté un membre de leur famille comme étant la personne la plus sage à faire partie de leur vie (et j'espère qu'un jour mes enfants diront la même chose de moi). Il m'est apparu que, en tant que parents, nous devrions faire tout notre possible pour que nos enfants puissent dire un jour que nous avons vécu avec sagesse. Dans son courriel, le fils de Ken me disait : «Mon père est LE barbier du village d'une petite localité de l'Iowa. » La perspective de parler «AU barbier du village» m'a en quelque sorte intrigué.

Ken avait été barbier dans la petite communauté de Waukon, en Iowa, pendant 42 ans. «À mes débuts, il y avait 13 autres barbiers à Waukon, mais j'ai survécu à tous et c'est ainsi que je suis devenu LE barbier du village», m'a raconté Ken. «J'ai assisté à leurs funérailles, et je coupe maintenant les cheveux de leurs petits-enfants. »

Être barbier dans une petite ville (Waukon compte environ 4 000 habitants) est similaire à être prêtre ou ministre du culte, sauf que la profession de barbier n'est pas tributaire d'une appartenance religieuse et transcende les frontières. La majorité des gens font un jour ou l'autre couper leurs cheveux et, pendant un bref instant, s'assoient dans un contexte intime avec un autre être humain, bavardent et observent ce qui se passe autour d'eux.

Dès que j'ai commencé à parler avec Ken, il a été évident pour moi qu'il en savait long sur la façon de vivre une vie valorisante et significative, et qu'il avait été un très bon élève tout au long des 42 années pendant lesquelles il avait observé ses semblables. Ce qui donne un sens et un but à la vie, et ce qui l'en prive, n'était pas un secret pour lui.

«Il suffit d'observer suffisamment longtemps pour comprendre ce qui rend les gens heureux», a-t-il dit. «J'ai remarqué que la personne qui a de l'amour dans sa vie, et un travail qui lui donne un but, est plus heureuse. » J'ai vite compris que Ken avait à la fois l'amour de sa famille et de ses amis, ainsi qu'un travail qui était sa raison d'être et qui allait bien au-delà de simplement couper des cheveux. Pour lui, ce travail lui avait donné l'occasion de servir les autres et de nouer de solides amitiés.

Il m'a dit que c'est le père de sa femme qui lui a donné le meilleur conseil qu'il n'ait jamais reçu. Au tout début de leur relation, il lui a dit: «Vous connaîtrez des hauts et des bas; cela fait partie de la vie. Votre compte en banque ne sera pas le reflet de votre succès, ce seront les gens que vous rencontrerez et qui influeront sur votre vie qui feront votre réussite.»

Le père de Ken est décédé alors qu'il était très jeune. Étant donné que Ken était l'aîné de quatre enfants, il a assumé le rôle du père dans sa famille et a décidé de veiller à devenir un bon modèle de rôle. «J'avais le sentiment qu'il fallait que je sois celui que mon père aurait été.» Il m'a raconté que de nombreuses personnes avaient aidé sa famille lorsqu'il était jeune. Et il avait pris la décision d'essayer d'être présent pour ces gens comme ils l'avaient été pour lui.

Les amis, la famille et les autres avaient toujours été les éléments les plus importants dans sa vie. Il a dit à sa femme qu'il ferait publier une petite annonce dans le journal – «maison flambant neuve à vendre; jamais utilisée» – parce qu'ils n'étaient jamais chez eux, mais toujours chez des amis et des membres de la famille.

Ken est un excellent exemple de ce que j'ai découvert en réalisant toutes ces entrevues. Si nous faisons une priorité des relations aimantes et si nous traitons ceux qui gravitent autour de nous avec amour, nous trouvons le bonheur. C'est pour cette raison que la seconde partie de cette perle de sagesse consiste à faire des gens une priorité, à faire de la place aux amitiés profondes, et à se demander chaque jour si nous agissons avec amour envers notre entourage.

Bien entendu, cela semble facile de faire une priorité des gens et d'agir avec amour envers eux. Mais j'ai découvert que, bien que cette perle de sagesse en particulier ne soit pas vraiment secrète, de nombreuses personnes se soucient souvent davantage des biens matériels que des gens, et avec la vie frénétique que nous menons, nous oublions d'offrir de l'amour à ceux qui nous sont chers. Beaucoup des plus grands regrets exprimés par les gens que nous avons interrogés portaient sur le fait de ne pas avoir été vraiment présents auprès de ceux qu'ils chérissaient.

Dave, 65 ans, un gestionnaire bancaire à la retraite, m'a raconté une histoire émouvante. Lorsque je lui ai demandé quel était le meilleur conseil qu'il ait reçu dans sa vie, il m'a dit : « Lorsque j'étais dans la quarantaine, la femme de mon patron est morte du cancer. Lorsqu'il est revenu au travail quelques mois plus tard, il m'a un jour intercepté dans le hall en se saisissant de mon bras. « Dave », m'a-t-il imploré, « passe davantage de temps avec ta femme, passe davantage de temps avec ta femme. » Il n'avait en fait aucune raison de me dire cela ; il m'a intercepté au passage et a prononcé ces mots. Mais je crois que c'est le meilleur conseil qu'on ne m'ait jamais donné. Et s'il pouvait me voir aujourd'hui, il dirait probablement que je n'en ai pas tenu compte. »

Il a poursuivi en me disant qu'il aimerait revenir en arrière et donner une plus grande priorité aux relations personnelles. Bien qu'il aime beaucoup son travail, il a le sentiment qu'il a fait trop de sacrifices afin de réussir. Dave est représentatif d'un grand nombre de gens que nous avons interviewés. L'importance des gens dans leur vie a souvent été occultée par l'urgence de faire carrière et de gagner leur vie.

De plus, avec le recul, les gens regrettaient souvent d'avoir permis à la colère ou à des choses sans importance d'entraver des relations aimantes.

Susan, 68 ans, songe avec regret aux relations qu'elle a eues avec ses enfants adultes. «J'étais tellement prise par ma propre vie émotionnelle que je n'étais tout simplement pas là pour eux de cette façon qui permet de développer ces liens profonds qui unissent certains parents avec leurs enfants. Je regrette de ne pas avoir été vraiment présente. Je vois qu'un grand nombre de mes amis entretiennent de bien meilleures relations que moi avec leurs enfants adultes, et j'aimerais revenir en arrière et faire certaines choses diffé-remment.»

D'autres regrettent d'avoir privilégié des choses sans importance au détriment de leurs relations. Don, 84 ans, dit qu'il aimerait revenir en arrière et parler à son jeune moi. «J'adorerais revenir en arrière et me dire : *«Réprime ta colère et cesse de réprimander tes enfants, ils ne le méritent pas.»* Je me mettais tellement souvent en colère pour des riens. Lorsque mon aîné avait six ans, il m'a demandé ce qu'était un psycho-logue (ma profession). Je lui ai dit qu'un psychologue était quelqu'un qui tentait de rendre les gens tristes plus heureux.» Et un peu plus tard ce jour-là, Don m'a dit: «J'étais en train de gronder mon fils de trois ans et il pleurait. C'est alors que mon fils de six ans s'est amené et a dit: "Papa, qu'est-ce que tu fais? Tu n'es pas un bon psychologue!" – ce à quoi j'ai répondu : "Eh bien, en ce moment, je suis un père!"

« Sur le moment, je n'ai pas compris. Mais si je pouvais revenir en arrière, je serais plus présent auprès de mes enfants, comme l'a été ma femme. On oublie parfois à quel point il est important de traiter avec respect ceux que l'on aime. »

J'ai alors vu défiler devant mes yeux ces moments où je m'étais mis en colère contre ceux que j'aime, souvent pour des futilités, ainsi que ces moments où j'avais été loin d'être gentil. Est-ce que, moi aussi, avec le recul, je souhaiterais avoir été plus présent et plus aimant? Il m'est apparu que devenir amour avec ceux qui nous sont chers revient à voir les choses dans leur ensemble, à voir que l'amour a plus d'importance que les biens matériels.

Il y a quelques années, alors que mes enfants étaient au début de l'adolescence, ma femme m'a annoncé qu'elle avait l'intention d'acheter un trampoline d'occasion de notre voisin. Il était énorme et très vieux (et plutôt laid). Étant donné que le fils de notre voisin était parti étudier au collège, je savais que ses parents étaient impatients de se débarrasser de cet engin. Nous venions tout juste de réaménager notre cour arrière, et la seule pensée d'y voir cette chose « horrible » m'irritait.

Une fois que le trampoline y a été installé, j'ai fait part de mon mécontentement à ma femme. Elle est demeurée stoïque et m'a dit que je devrais réviser mes priorités. J'ai jeté un coup d'œil par la fenêtre de notre chambre à coucher et j'ai laissé échapper un « beurk » bien audible à la vue de cette chose! Je ne me suis pas gêné pour dire à toute la famille que ce que je voyais par la fenêtre de ma chambre me dégoûtait.

Des heures plus tard, j'ai entendu mes enfants rire aux éclats alors qu'ils bondissaient sur notre nouvelle acquisition en compagnie de leurs amis. J'ai alors pris conscience qu'ils quitteraient bientôt la maison pour vivre leur propre vie d'adulte. Et ces voix, l'écho de ces rires francs, me manqueraient sûrement, bien plus que la beauté de ma nouvelle «cour». Cela a été une importante leçon. À tout instant, nous devons nous demander ce qui compte vraiment et agir en conséquence.

John, 93 ans, l'homme qui avait quitté le parti communiste et qui était plus tard devenu un artiste, avait été marié pendant 52 ans. Il m'a dit que c'est le mariage qui lui avait apporté le plus grand bonheur dans sa vie. «Nos amis nous enviaient tous, disant que nous avions de la chance d'avoir une aussi belle relation. Lorsqu'ils me demandaient quel en était le secret, je leur répondais qu'il faut toujours traiter son partenaire d'égal à égal, ce que nous avons toujours fait. Nous devons accepter l'autre avec ses défauts et ses qualités. L'autre peut s'améliorer avec le temps, ou non, mais il faut l'accepter pour qui et ce qu'il est.

«Chaque fois que j'étais en colère contre ma femme, je me demandais : *Ce qui me met en colère est-il plus important que notre relation ? Cela vaut-il la peine de mettre en péril cet amour que nous avons l'un pour l'autre ?"* Et la réponse, bien sûr, était toujours non.»

Choisissez de poser un regard bienveillant sur les autres

En parlant avec ces gens que nous avons interrogés, j'ai compris qu'il est important de choisir de poser un regard bienveillant sur ceux qui nous entourent. Il y a un certain temps, j'ai fait la connaissance de Maggie, une conseillère matrimoniale âgée de 85 ans. Pendant plus de 50 ans, elle avait écouté des conjoints parler l'un de l'autre, ce qui en soi lui a fait mériter son ciel. Lorsque je lui ai demandé ce qu'elle avait remarqué pendant toutes ces années qu'elle avait passées à conseiller des couples, elle m'a répondu : « J'ai remarqué qu'au début d'une relation, les gens voient surtout ce qu'ils aiment chez l'autre. Mais avec le temps, ils voient de plus en plus ce qui les irrite. Si les gens inversaient ce ratio, la plupart des mariages et des familles se porteraient beaucoup mieux. »

Jim, 86 ans, qui est encore un mari heureux après une union de 65 ans, a su intégrer cette simple perle de sagesse à sa vie. Bien qu'il ait eu une brillante carrière dans l'armée, lorsqu'on lui a demandé ce qui comptait vraiment pour lui, il revenait sans cesse à sa femme. Ils s'étaient rencontrés à l'école secondaire. Il voulait sortir avec elle, mais il était timide. Lorsqu'elle a rompu avec son petit ami, il a tenté sa chance et l'a invitée au cinéma. Les nouveautés coûtaient 25 cents alors que les vieux films n'en coûtaient que 5. Il a donc emprunté 25 cents pour l'impressionner. Cela a été le début d'une relation qui s'est soldée par un mariage.

Tout au long de leur vie conjugale, il lui a offert des roses rouges le jour anniversaire de ce *premier* rendez-vous plutôt que de leur mariage. « C'est aussi important pour moi que pour elle. Chaque année, lorsque je lui envoie ces roses, cela me rappelle que malgré les hauts et les bas du mariage, je ne dois jamais oublier pourquoi je suis tombé amoureux d'elle au départ.» Peut-être que chacun d'entre nous doit donc chercher continuellement les «roses rouges» chez ceux que nous aimons et nous concentrer sur leurs bons côtés.

Une étude réalisée par une grande université a démontré que dans le foyer moyen, le ratio entre les messages négatifs et positifs est de 14 pour 1. Pour chaque commentaire positif que nous faisons à un membre de notre famille, nous en faisons près de 14 qui sont négatifs. Une étude similaire a démontré que l'un des points qui caractérisent les mariages durables et heureux est un ratio de 7 éléments positifs pour un élément négatif dans les communications entre époux. À tout instant, nous devons choisir de devenir amour et nous affirmer l'un l'autre. Nous pouvons choisir de voir les choses dans leur ensemble.

Jim, qui a maintenant 62 ans, m'a parlé de son premier mariage. «Ma première femme souffrait de douleur chronique, un mal qui s'est manifesté après une intervention chirurgicale et qui a duré cinq ou six ans. La douleur a entraîné un dérèglement psychologique et elle a fait plusieurs tentatives de suicide. À cette époque, je ne savais jamais si elle serait vivante lorsque je rentrais à la maison à la fin de la journée. C'était l'enfer sur terre.

Cette expérience m'a fait prendre conscience de l'importance du choix personnel, et j'ai réalisé que ma priorité était ma famille et les gens. Par exemple, même si mes amis et des membres de ma famille me disaient qu'ils comprendraient si je faisais interner ma femme et refaisais ma vie, je ne l'ai pas abandonnée. En dépit du fait que notre vie était extrêmement difficile, en faisant d'elle ma priorité, j'ai compris quel genre de personne j'étais – et cette personne me plaisait. » Il a poursuivi en me disant : « Lorsque j'étais jeune, c'était le travail qui me motivait, mais je me suis rendu compte avec le temps que mes amis et ma famille, et plus particulièrement ma deuxième femme et mon beau-fils, étaient la véritable source du bonheur. »

Il m'apparaît que Ken, le barbier du village, ne s'est pas trompé dans son observation des gens qui se sont assis sur sa chaise durant toutes ces années. « Si vous avez de l'amour dans votre vie, vous serez heureux. » Toutefois, la chose la plus importante que j'ai découverte à propos de cette perle de sagesse (devenir amour), c'est que lorsque nous choisissons de devenir amour et gentillesse avec chaque personne qui croise notre route dans ce monde, le bonheur nous trouve. Lorsque nous donnons de l'amour, il nous est rendu sous forme de bonheur.

Faites le bien si vous le pouvez, mais ne faites jamais de mal à autrui

Bansi, 63 ans, est une immigrante de Tanzanie qui vit maintenant au Canada. Élevée dans la religion hindoue, elle estime que le choix d'être bon est au centre d'une vie heureuse. Lorsque je lui ai demandé quel était le meilleur conseil qu'elle ait reçu, elle m'a parlé de ce que sa mère lui disait lorsqu'elle était enfant. « Ma mère avait l'habitude de me dire : "Fais le bien si tu le peux avec toute personne que tu rencontres, mais assure-toi toujours de ne pas lui faire de mal." Vivre selon ce simple principe m'a apporté beaucoup de bonheur. Chaque fois que je fais la connaissance de quelqu'un, j'essaie de mettre un baume sur son cœur en étant amour, et puis je veille à ne pas lui faire de mal avec ce que je dis ou fais. »

Elle a poursuivi en me disant que chacun de nous fait soit un don de vie aux autres lorsqu'il les rencontre, soit lui en soutire une parcelle. « Par ce que nous disons et faisons, nous pouvons agrémenter la journée d'une personne ou la gâcher. J'ai toujours été très attentive, surtout aux paroles que je prononce. La langue peut être comme un rasoir ; on peut s'en servir pour faire le bien ou blesser. »

Ces entrevues m'ont rapidement permis de constater que la troisième perle de sagesse ne consistait pas seulement à obtenir de l'amour ni même à en donner à notre entourage, mais à incarner l'amour pour en faire une manière d'être tout au long de notre vie. En devenant véritablement amour, nous nous transformons.

Les gens m'ont parlé de quelle façon, alors qu'ils avançaient en âge, ils avaient progressivement compris qu'il était important d'être une personne aimante, de choisir de faire preuve de gentillesse. J'ai appris qu'il est non seulement bon pour les autres que nous devenions amour, mais que le processus nous transforme. Plus nous nous efforçons de faire preuve d'amour dans notre vie, plus grand est le bonheur que nous trouvons.

Susan, 68 ans, a été l'adjointe personnelle de César Chávez (le célèbre syndicaliste voué à la cause des travailleurs migrants). « Ce qui m'a le plus transformée en travaillant avec César et les travailleurs agricoles, c'est la découverte de la culture latine. Les latinos ont été chaleureux et plus ouverts avec moi que toutes les autres personnes qui ont croisé ma route dans ma vie. Ils étaient animés de l'esprit du don. Dans leur culture, les relations et la gentillesse envers les autres sont au centre de la vie.» Cette expérience l'a transformée, car elle a découvert que choisir d'être gentil et aimant est la clé du bonheur.

Voici l'une des raisons qui m'ont amené à croire que le choix de devenir amour nous transforme : bien que nous n'ayons que peu de contrôle sur l'amour que nous recevons, nous pouvons exercer un contrôle presque total sur celui que nous donnons. Les gens à qui j'ai parlé avaient consciemment choisi de devenir amour dans leur vie quotidienne, et c'est dans ce processus qu'ils ont trouvé le bonheur.

Léa, 58 ans, est une femme afro-américaine qui a grandi dans le Sud où régnait la ségrégation. Enfant, elle a reçu beaucoup d'amour dans sa communauté, mais elle a également connu la haine à l'extérieur de celle-ci. Elle m'a dit : «On transporte cette haine avec soi, même inconsciemment. Lorsque je suis retournée vivre dans le Sud à la mi-cinquantaine, je me souvenais à quel point il était douloureux d'être jugée à cause de la couleur de sa peau. Je me rappelle le jour où, toute jeune, j'ai pris conscience pour la première fois que cette différence existait, que certaines choses ne m'étaient pas permises.

«Je me remémorais un incident qui s'est produit alors que je terminais mes études secondaires. J'avais fréquenté une école primaire réservée aux Noirs, mais mes parents avaient décidé que je ferais mes études secondaires dans une école intégrée. Ils m'avaient prévenue de ce que j'aurais probablement à vivre. En effet, les autres enfants n'étaient pas amicaux et les professeurs ne m'appréciaient pas beaucoup.

« Un jour, cela a été la fête anniversaire de la ville et il faisait très chaud pour observer la parade. Ma famille et moi étions debout à un coin de rue et, victime d'une insolation, j'ai perdu connaissance. Je me rappelle qu'il y avait non loin une pharmacie où les Noirs n'étaient pas admis. Un homme blanc y est entré pour m'y acheter un Coke − et j'en garde un souvenir si vif ; nous étions à la merci de ces gens − nous n'avions aucun pouvoir − oh, je m'en souviens si bien. Mais je me souviens également que cet homme avait choisi de faire preuve d'amour. »

Léa m'a parlé d'un rituel matinal qu'elle a adopté, d'un moment de méditation avec lequel elle commence chaque journée. « Chaque matin, je prends le temps de me détendre et de lire. Et puis, avant de quitter la maison, je fais une prière toute simple : Dieu, ouvre mon cœur à l'amour pendant tout le temps où je serai à l'extérieur de cette maison. Aide-moi à offrir à tous ceux qui croiseront ma route un mot gentil, un sourire ou un remerciement qui pourraient changer leur vie. Je t'en prie, ne permets pas que je sois trop occupée pour rater cette occasion. »

Quelle merveilleuse prière ! C'est la prière de ceux qui connaissent cette perle de sagesse, qui savent que s'ils choisissent de faire preuve de gentillesse et d'amour du réveil au coucher, chaque jour, quelque chose de profond se produira en eux. Et lorsque nous choisissons de devenir amour, de faire preuve de gentillesse avec tous ceux que nous rencontrons, nous atteignons le but ultime de tout être humain, c'est-à-dire faire le bien parce que nous sommes dans ce monde.

Abdullah, 87 ans, a grandi comme musulman en Inde et a été témoin de la partition de 1948, année où le Pakistan est devenu un pays. Bien qu'il ait plus tard émigré au Canada, ses souvenirs d'enfance sont encore bien présents dans son esprit. « Petit garçon, j'avais des amis musulmans et hindous. Mais un jour, la violence s'est installée entre ces deux communautés dans mon village. Un garçon hindou a été tué par des musulmans, et certains hindous ont voulu le venger. Ils ont tenté de me capturer, mais un vieil homme hindou s'est interposé entre eux et moi. Bien entendu, j'étais très jeune et mes souvenirs de ce moment précis sont plutôt flous, mais je sens encore son bras vigoureux autour de mes épaules. Il leur a clairement dit qu'ils devraient lui marcher sur le corps avant de pouvoir me toucher. »

Il a ensuite gardé un moment de silence. Il fixait ses mains, et j'ai eu le sentiment qu'il cherchait les mots justes. « Le mot amour est un mot difficile à définir, mais tout au long de ma vie, c'est cet homme qui l'a défini pour moi. Il était vieux. Peut-être avait-il été témoin de la violence et de la haine pendant toute sa vie. Peut-être en avait-il tout simplement assez. Mais j'ai toujours aimé croire qu'il m'avait été envoyé par le prophète Mahomet pour m'enseigner le sens de l'amour. Il est écrit dans le Coran : "Ne dédaigne rien des actes méritoires, ni même de rencontrer ton frère avec un visage souriant." On trouve le bonheur lorsqu'on reconnaît que la gentillesse n'est jamais sans signification. La gentillesse m'a sauvé la vie. »

Un vieil homme s'est interposé entre un petit garçon et une éventuelle explosion de violence. Ce faisant, il a forgé le maillon d'une chaîne qui a façonné l'avenir. Son amour a inspiré l'amour chez un autre être humain. En écoutant Abdullah, je ne pouvais m'empêcher d'imaginer ce vieil homme couché sur son lit de mort, un vague sourire balayant son visage parcheminé. Il avait choisi l'amour. Son acte empreint de gentillesse avait influé sur l'avenir, mais il ne serait plus là pour le voir.

Il y a de nombreuses années, une jeune femme approchant de la trentaine m'a raconté une histoire profondément émouvante à propos de sa mère, une histoire qui illustre merveilleusement bien le pouvoir de la troisième perle de sagesse. Elle m'a raconté que son père et sa mère étaient venus lui rendre visite. À la fin de leur séjour, elle les avait reconduits à l'aéroport, et ils étaient montés à bord de l'avion qui les ramènerait à la maison à l'issue d'un vol de quatre heures. Son père lui a téléphoné plus tard ce jour-là. « Il m'a dit qu'il avait une très mauvaise nouvelle à m'annoncer. Ma mère avait eu une crise cardiaque au moment où l'avion amorçait sa descente. Elle était décédée avant que l'avion ne touche le sol. Deux jours plus tard, c'est moi qui prenais l'avion pour me rendre aux funérailles de ma mère. »

Elle a relaté pour moi le triste et long vol. En contemplant le paysage qui défilait sous elle, elle n'avait pas pu s'empêcher de se demander ce que sa mère avait ressenti pendant les derniers instants de sa vie. Était-elle heureuse de la façon dont elle avait vécu ? Était-elle partie avec un profond sentiment de satisfaction ou avec des regrets ? Avait-elle eu peur ou avait-elle été paisible ? Savait-elle à quel point elle était aimée? Ses yeux se sont remplis de larmes à maintes reprises alors qu'elle essayait de reprendre son souffle.

Après l'atterrissage, elle est allée directement au salon funéraire et a constaté que la pièce où était exposée sa mère était remplie de gens qui avaient partagé sa vie. Sa mère était musulmane, mais la pièce était pleine de gens de toutes confessions et de toutes origines. La pièce était remplie d'amour. Étant donné qu'elle avait quitté cette ville depuis un certain temps, elle ne connaissait pas tout le monde, et elle ne cessait de demander à son père le nom des gens qui étaient présents.

Il y avait une femme qui était assise toute seule dans un coin. Lorsqu'elle a demandé à son père qui elle était, il lui a répondu qu'il l'ignorait. Après avoir posé la même question à quelques-uns des meilleurs amis de sa mère, elle s'est vite aperçue que personne ne semblait connaître cette étrangère d'âge mûr qui se tenait à l'écart. Elle s'est dirigée vers elle et, s'assoyant à ses côtés, elle lui a dit: «Je suis sa fille cadette et comme personne ici ne semble vous connaître, je me demande qu'est-ce qui vous liait à ma mère?

– Je suis désolée de vous dire que je ne connaissais pas votre mère», a répondu l'étrangère.

Perplexe, la jeune femme a demandé: «Alors, pourquoi êtes-vous ici?

– Il y a de nombreuses années, j'ai traversé des moments très difficiles. Un jour en particulier, j'étais tellement découragée que je songeais très sérieusement à m'enlever la vie. J'étais assise dans un autocar qui roulait vers la ville, à côté d'une femme qui lisait un livre. Mais à mi-chemin, elle a posé son livre sur ses genoux, s'est tournée vers moi et elle m'a dit : «Vous avez l'air d'une femme qui a besoin de parler.» Elle était si gentille et si avenante que j'ignore pourquoi je lui ai raconté ce qui se passait dans ma vie et le geste auquel je pensais. Lorsque je suis rentrée à la maison, le temps que nous avions passé ensemble m'a poussée à prendre une tout autre décision. Et cette décision a influé non seulement sur ma vie, mais sur celle de nombreuses autres personnes.

– Mais qu'est-ce que cela a à voir avec ma mère ? a demandé la jeune femme.

– Eh bien, j'étais tellement plongée en moi-même ce jour-là que je ne me suis même pas présentée à cette femme, et je ne lui ai pas demandé son nom. Mais il y a deux jours, j'ai vu sa photo dans le journal et je suis venue ici ce soir. Je ne connaissais pas votre mère ni son nom, mais les 20 minutes que j'ai passées avec elle m'ont sauvé la vie.»

La jeune femme a pleuré, et puis elle a souri. Et puis elle a encore pleuré jusqu'à ce que ses pleurs et le rire se mêlent. Elle m'a dit qu'elle avait alors compris que sa mère avait vécu ainsi toute sa vie. Que ce soit avec ses enfants, son mari, ses nombreux amis ou un étranger qu'elle ne reverrait jamais plus, l'amour et la gentillesse avaient été sa marque de commerce dans ce monde. Cela avait fait d'elle une femme très heureuse, et sa fille voyait maintenant que cela avait fait une différence dont elle ne s'était jamais rendu compte. «La vie de ma mère n'était qu'amour, et en apportant du bonheur aux autres, elle a trouvé le sien. J'ai fait une prière : permettez-moi de vivre la même vie.»

Tom, le Métis et guérisseur qui a sombré dans les eaux glacées d'un lac à l'âge de 13 ans et qui a trouvé son «destin», m'a dit ceci : «Ce que je fais ici aujourd'hui, mon choix d'aimer, influe sur l'univers tout entier. Dans notre tradition, nous croyons que chaque geste se répercute sur sept générations : mes enfants, mes petits-enfants, mes arrière-petits-enfants, etc. Tout ce que nous faisons a un impact sur tout le reste. Donc, lorsque nous choisissons d'aimer, que ce soit nos enfants ou un étranger, nous changeons l'avenir.»

Telle est la troisième perle de sagesse : *Devenez amour.*

Voici quatre questions qu'il convient de vous poser chaque semaine et qui vous aideront à intégrer cette perle de sagesse à votre vie :

- *«Aujourd'hui ou cette semaine, ai-je fait de la place dans ma vie pour mes amis, ma famille et mes relations ? Ai-je permis aux choses d'être plus importantes que les gens ?»*

- *«Aujourd'hui ou cette semaine, ai-je fait preuve de gentillesse et d'amour envers les gens qui me sont chers ? De quelle manière est-ce que je souhaite leur manifester davantage d'amour demain ou la semaine prochaine ?»*

- *«Aujourd'hui ou cette semaine, est-ce que j'ai répandu de l'amour et de la gentillesse dans le monde avec chacune de mes interactions ? Ai-je agi comme si tout étranger était quelqu'un pour qui je pouvais faire une différence ?»*

- *«Lequel de mes loups ai-je nourri aujourd'hui ou cette semaine ? Ai-je passé du temps avec des gens qui me remontent le moral ?*

Ai-je fait preuve d'amour envers moi-même aujourd'hui ou cette semaine? Me suis-je abandonné à un monologue intérieur négatif ou à l'autohypnose? Est-ce que j'ai planté des fleurs ou de mauvaises herbes dans mon esprit?»

CHAPITRE SIX

La quatrième perle de sagesse : Vivez le moment présent

« Vivez chacun de vos jours comme si c'était le dernier ; vous finirez bien par avoir raison. »

— Leo Buscaglia

« Parfois, votre bonheur est la source de votre sourire, mais parfois votre sourire peut être la source de votre bonheur. »

— Thich Nhat Hanh

C'est en écoutant 200 personnes me parler de leur vie, des gens de races différentes et issus de divers milieux, que j'ai commencé à discerner un fil conducteur commun dans le voyage de tout être humain. Souvent, des gens venant de milieux très différents utilisaient pratiquement les mêmes mots pour décrire leur cheminement personnel.

L'un des commentaires que j'ai entendus le plus souvent au cours de ces entrevues est : « Cela passe si vite ». Elsa, une septuagénaire, a peut-être su résumer les propos de beaucoup d'autres : « Lorsqu'on est jeune, 60 ans nous semblent être une éternité. Mais lorsqu'on a vécu 60 ans, on se rend compte qu'il ne s'agissait que d'un instant. » Nous croyons tous que nous avons l'éternité devant nous, mais nous nous rendons vite compte que ce n'est pas le cas.

Si la vie passe si rapidement, alors l'un des secrets du bonheur consiste à tirer davantage parti du temps qui nous est dévolu, à faire en sorte que chaque moment de chaque jour devienne un don merveilleux. C'est ce que Henry Thoreau appelait l'« évangile du moment présent ». En écoutant les témoignages de ces gens sages, j'ai compris que la quatrième perle de sagesse consiste à *vivre le moment présent*.

En termes simples, *vivre le moment présent* signifie se sentir parfaitement bien en tout temps, ne pas porter de jugements sur notre vie, mais la vivre pleinement. Cela signifie ne pas tout ramener au passé ou à l'avenir, mais vivre chaque moment avec gratitude et détermination. Cela signifie que nous avons en tout temps le pouvoir de choisir la satisfaction et le bonheur. En écoutant ces gens, j'ai eu le sentiment que, à travers cette perle de sagesse, ils me disaient d'*évaluer ma vie* et de l'*apprécier davantage*.

Honnêtement, j'avais entendu toute ma vie que l'un des secrets du bonheur consistait à vivre le moment présent, mais je ne suis pas certain que je savais ce que cela signifiait réellement avant d'avoir ces conversations avec de sages aînés. Vivre le moment présent ne veut pas uniquement dire d'accepter les événements comme ils viennent. C'est beaucoup plus que cela. La première chose que j'ai apprise, c'est que les gens sages voient chaque jour comme un don extraordinaire.

Choisissez d'être présent en tout temps

Max, un sexagénaire, m'a parlé d'un homme qu'il croise chaque jour lorsqu'il fait une promenade avec son chien. « Il y a un homme que je croise chaque fois que je sors avec mon chien. Il a largement dépassé les 80 ans et est encore engagé dans toutes sortes d'activités. Lorsque je le rencontre et que je lui demande comment il va, il me répond toujours de la même manière – avec un enthousiasme qui s'entend : *"Je suis ICI !"* En fait, je sais que ce qu'il veut réellement dire est : "Je suis reconnaissant à la vie et je suis conscient de l'extraordinaire don qui m'est fait." » Ces conversations m'ont appris que les gens heureux sont pleinement présents, où qu'ils se trouvent, quoi qu'ils fassent.

Max avait été critique de théâtre pendant des décennies et avait assisté à des centaines de pièces. Il m'a parlé de toutes ces représentations où il avait trouvé difficile d'être entièrement présent. « Parfois, j'assistais à une pièce et c'était tellement mauvais que j'avais le sentiment de perdre mon temps. Et puis, je me rendais compte que ces deux heures de ma vie ne me seraient jamais rendues, et j'y trouvais alors quelque chose d'intéressant, quelque chose à apprécier. Si nous voulons vivre pleinement, nous devons bannir le mot ENNUI de notre vocabulaire ; à tout instant, nous devons être tout simplement pleinement présents et tirer parti de tout ce que ce moment peut nous apporter. »

Chaque jour est un don

L'un des traits communs que j'ai remarqués chez ces gens est une sorte d'immense gratitude envers le fait d'être vivant et une détermination à apprécier invariablement chaque journée. Joël, un sexagénaire, m'a raconté que, pendant de nombreuses années, il avait commencé et terminé ses journées avec un rituel. « Chaque matin, au réveil, je dis une petite prière : "Merci, Dieu, de m'accorder cette autre journée." Étant un scientifique, je suis estomaqué devant le miracle de la vie ; je suis médusé à l'idée d'être une entité consciente, ici dans la Voie lactée, d'être doté d'intelligence et de capacités. Je demande à Dieu de m'aider à ne pas gaspiller cette journée et de m'aider à prendre conscience, tout au long de celle-ci, de l'extraordinaire don qu'est la vie. À la fin de la journée, avant d'aller au lit, je me rappelle toutes les bonnes choses qui l'ont ponctuée, aussi anodines soient-elles, et je remercie Dieu de me l'avoir accordée. »

Sénèque, le philosophe romain, a dit : « Chaque jour est à lui seul une vie ». Chaque jour n'est pas une étape menant à une destination, c'est *la* destination. Nous commençons à *vivre le moment présent* lorsque nous reconnaissons que le fait de vivre une autre journée est un merveilleux cadeau et que nous choisissons de ne pas la gaspiller, de ne pas la ruiner en la vivant dans le passé ou dans l'avenir.

Tout d'abord, nous devons nous assurer que nous *vivons notre vie* au lieu de tout simplement *planifier notre vie*. Si nous n'y prêtons pas attention, nous nous retrouvons en train de perpétuellement *passer à travers les choses* qui, croyons-nous, nous conduiront au bonheur. Nous nous disons que nous serons *heureux si...* ou que nous serons *heureux quand...* Je ne dis pas qu'il ne faut pas planifier ou désirer des choses que nous n'avons pas encore accomplies ou expérimentées. Je dis plutôt que nous trouvons toujours le bonheur lorsque nous sommes capables de vivre dans le moment présent.

À cet égard, ma chienne a été l'une de mes meilleures enseignantes. Chaque jour, lorsque je ne suis pas en voyage, ma chienne Molly et moi faisons une promenade jusqu'au sommet de la montagne au pied de laquelle nous vivons. L'aller-retour nous prend 40 minutes. Après avoir fait ces promenades pendant plusieurs années, j'en suis arrivé à une conclusion intéressante. Ma chienne apprécie ces promenades beaucoup plus que moi!

Pour moi, le but n'était que de me rendre au sommet de la montagne et de redescendre. Je ne visais pas à apprécier la randonnée, mais à l'achever. Je marchais afin de faire de l'exercice et dans l'espoir de vivre plus longtemps, au lieu de considérer ces promenades importantes en elles-mêmes. Molly, toutefois, aimait énormément nos promenades. Si nous croisions un autre chien, elle s'arrêtait et le saluait. Si elle voyait quelque chose d'intéressant, elle s'arrêtait et l'étudiait à fond. Elle consacrait la majeure partie de nos promenades à «lire le journal» alors que, moi, je ne cessais de lui répéter: «Allons, viens». Elle vivait le moment présent, et moi, je passais à travers lui.

Après avoir compris cela, je me suis fait un devoir de l'imiter. Dès lors, lorsque que je croisais un voisin, je m'arrêtais souvent pour lui parler; si un magnifique panorama de montagne s'offrait à ma vue ou si j'apercevais une fleur superbe, je m'arrêtais et l'appréciais pleinement; et si j'avais la chance de rencontrer un ami, je prenais le temps de m'informer de lui au lieu de me précipiter vers ma destination. C'est devenu une métaphore de mon style de vie.

Vivez comme si vous admiriez votre dernier coucher de soleil

John, le peintre qui a 93 ans, m'a parlé d'une chose qu'il a remarquée après avoir fêté son 90ᵉ anniversaire de naissance. «J'aime dire aux gens que je vais bientôt avoir 94 ans, comme un enfant aime dire qu'il aura bientôt 8 ans, parce que depuis que j'ai 90 ans, j'apprécie chaque jour qui passe.»

Il m'a parlé de la mort, du nombre limité d'années qu'il lui restait à vivre, et de la façon dont cette prise de cons- cience avait peu à peu façonné son quotidien. «Lorsqu'on a mon âge, on se demande toujours combien de temps il nous reste à vivre. J'ai des arrière-petites-filles qui ont 8 et 6 ans, et je me demande combien d'années j'aurai encore la chance de les voir grandir. Peut-être les verrai-je terminer l'école primaire. Mais il est peu probable que j'assiste à la fin de leurs études secondaires. Aujourd'hui, lorsque je vois un magnifique coucher de soleil ou que j'assiste à un superbe ballet, je verse des larmes. Non pas parce que c'est grandiose, mais parce que je ne sais pas si j'aurai la chance d'en voir un autre.

«Lorsqu'on est jeune, on nous dit de vivre le moment présent, mais on ne sait pas exactement ce que cela signifie. Je le sais maintenant. Et c'est vrai à tout âge : on ne sait jamais combien de moments nous pourrons vivre encore, et c'est pour cette raison qu'il est important de tous les apprécier comme si chacun était le dernier.»

Ses paroles m'ont rappelé une tirade de Garrison Keillor dans le film intitulé *Prairie Home Companion* : «Peu importe que ce soit le dernier spectacle : rien ne doit changer, il faut continuer » (ce film a d'ailleurs été le dernier qu'ait dirigé Robert Altman). Les mots du vieux peintre sont bientôt devenus une image importante pour moi et ont façonné ma vie. Chaque fois que je connais un moment de bonheur, je me rappelle que j'ignore combien d'autres moments tels que celui-ci il me sera donné de vivre. Au lieu de foncer la tête la première, je m'efforce de respirer ces moments. De temps en temps, les larmes me montent aux yeux, comme John l'a décrit.

Au fil des ans, il m'a été donné de rencontrer plusieurs personnes atteintes du cancer. Elles s'entendent généralement pour dire que, au moment du diagnostic, il se produit deux choses. Le temps ne semble plus avoir la même dimension. Soudain, il semble filer à toute vitesse. Et simultanément, il semble ralentir. Soudain, chaque instant et chaque jour sont chéris et vécus pleinement. Souvent, pour la première fois de leur vie, ces personnes savourent chaque instant. On comprend ainsi pourquoi, dans certains groupes de soutien, les patients cancéreux comparent leur maladie à « un don ». Bien qu'il soit difficile d'imaginer que l'on puisse éprouver de la gratitude envers une maladie mortelle, c'est un don que de prendre conscience que chaque jour est infiniment précieux et devrait être vécu pleinement.

Peu après avoir terminé les entrevues, j'ai pris l'habitude de m'accorder chaque matin un bref moment de méditation. Je salue la vie et souhaite vivre pleinement la journée qui commence. Le soir, je médite encore et exprime ma reconnaissance envers toutes les bonnes choses qui m'ont été données pendant cette journée. Depuis, j'ai remarqué que je ne cède plus à la tentation de seulement laisser passer le temps, je suis plus présent. Je suis plus en mesure de faire place à la gratitude même dans les moments les plus difficiles.

Il n'y a pas d'autre moment que le moment présent

La deuxième chose que j'ai apprise, c'est qu'il faut toujours vivre l'instant présent. C'est le seul moment où nous pouvons réellement exercer un contrôle sur notre vie. Pour mettre en pratique la quatrième perle de sagesse, nous devons donc choisir de vivre le moment présent.

Vivre le moment présent, c'est reconnaître que le passé ou l'avenir ne nous appartient pas. Le passé est derrière nous. On ne peut rien y changer. Nos regrets et nos joies sont à jamais figés dans le temps. Ressasser le passé, et surtout s'attarder sur nos regrets, ne peut que dépouiller le moment présent de son aura de bonheur. Lorsque nous nous surprenons à regretter le passé, nous devons nous dire que nous n'y pouvons rien.

Mais pouvons-nous façonner l'avenir ? Après tout, rien n'est encore dit. Mais, fait intéressant, le moment présent ne nous permet pas non plus d'influer sur le moment suivant. Pensez seulement au temps que nous passons à songer à l'avenir : *« Est-ce que je serai malade ? Arrivera-t-il malheur aux gens que j'aime ? Y aura-t-il une guerre ou une autre grande crise économique ? Est-ce que ma femme me quittera ? Est-ce que mes enfants réussiront dans la vie ? Est-ce que mon entreprise réduira ses effectifs ? »* L'inquiétude que nous nourrissons à propos de l'avenir n'a qu'un seul pouvoir, et c'est celui de nous voler notre joie de vivre. Comme l'a dit Leo Buscaglia : « L'inquiétude ne protège jamais des chagrins de demain, mais éclipse toujours la joie du moment présent ! »

Bien entendu, chaque geste que nous faisons peut influer sur l'avenir. Mais nous ne pouvons, à chaque instant, qu'être pleinement présents et savoir que, lorsque demain viendra, nous l'accueillerons avec la même énergie.

Vivre le moment présent n'est pas aussi simple qu'il n'y paraît. Cela exige un entraînement mental qui peut s'étaler sur plusieurs années. La méditation est un excellent exercice pour qui veut former son esprit à vivre le moment présent. La pratique du silence et de la méditation fait partie intégrante de la plupart des traditions spirituelles, que l'on pense aux monastères chrétiens ou aux temples bouddhistes. Lorsque j'ai appris à méditer, un exercice visant essentiellement à faire le vide et à vivre pleinement le moment présent, mon esprit vagabondait dans toutes les directions : le passé, l'avenir, mes dettes et ma liste de choses à faire. Mais j'ai persévéré et j'ai finalement réussi à libérer mon esprit de toutes ces pensées parasitaires.

Faites l'exercice suivant. La prochaine fois que vous vous sentirez accablé par des regrets, dites tout simplement à votre esprit : « Ce qui est fait est fait. C'est le moment présent qui compte. » Et si, dix minutes plus tard, les mêmes regrets reviennent vous hanter, répétez-vous ces mots. Faites-le aussi lorsque vous vous inquiétez de l'avenir. Dites-vous : *« Il est impossible de façonner l'avenir ; je ne peux qu'être pleinement présent maintenant, je ne peux que vivre le moment présent. »* Avec le temps, vous constaterez que votre esprit participe de plus en plus au moment présent. Et c'est en ce moment que vous avez du pouvoir, que vous pouvez passer à l'action.

Le dialogue intérieur est très important, mais la majorité des gens ne le prennent pas vraiment au sérieux. Comme je l'ai mentionné dans le chapitre précédent, nous avons chaque jour entre 45 000 et 55 000 pensées, et les pensées à qui nous permettons de s'imposer nous façonnent. Si nous nous permettons de vivre dans le passé ou dans l'avenir, en nourrissant des regrets ou en ne songeant qu'au lendemain, nous formons notre esprit à être absent, à ne pas vivre le moment présent.

Les témoignages de ces sages aînés m'ont bientôt permis de discerner un trait commun chez eux, une caractéristique qui m'a surpris et ravi en même temps : ils avaient pris le contrôle de leur esprit. Ils savaient que *nous avons le pouvoir de former notre esprit*. La majorité des gens vivent en croyant le contraire, en étant persuadés que leur esprit est l'esclave des circonstances. Mais j'ai découvert que les gens heureux savent que nous pouvons exercer davantage de contrôle sur notre esprit que nous ne le croyons en général.

Vivre le moment présent, c'est savoir que nous avons, en tout temps, la capacité de choisir la satisfaction et la gratitude. Don, le psychologue qui a osé demander à une jeune fille de lui accorder une danse alors qu'il en était à sa première année d'études au collège, m'a parlé de la façon dont sa perception du pouvoir que l'on exerce sur notre propre bonheur avait changé avec les années. « Lorsque j'étais jeune, je croyais que mes sentiments étaient tributaires du monde extérieur. Un magnifique coucher de soleil me ravissait. Et puis, lorsque le soleil disparaissait derrière l'horizon, je me demandais où était passé l'enchantement. Était-ce le soleil qui avait été à l'origine de cet instant de bonheur? C'est alors que j'ai compris que c'est en moi que se trouvait la capacité de générer des sentiments agréables, et non «là dehors». Des années plus tard, un mentor m'a dit qu'il fallait tout simplement mettre son esprit en veilleuse, et j'ai enfin compris.»

Il m'a confié une recette de vie toute simple: «J'ai vécu selon deux principes. Premièrement, si une chose en vaut la peine, il faut y mettre tout son cœur – par exemple, parler avec vous en ce moment –, et non pas s'en débarrasser le plus vite possible comme on lave de la vaisselle. Deuxièmement, nous avons le pouvoir de modeler nos pensées. Tout est dans notre tête.»

Enseignez le bonheur à votre esprit

Lorsque Don m'a dit que, au bout du compte, le bonheur est «dans notre tête», une ampoule s'est mise à clignoter. La perspective de tout simplement choisir la satisfaction et la gratitude, à n'importe quel moment, m'est apparue géniale et capable de changer ma vie. Don ne me disait pas que cela était facile ou ne nécessitait pas des années d'efforts, mais que c'était réalisable. Les sages aînés me disaient en quelque sorte de m'abandonner doucement à la vie. Ils ne faisaient pas référence à la résignation ni à l'acceptation aveugle devant les circonstances. Ils me disaient que le pouvoir de trouver le bonheur se trouvait en moi, et non à l'extérieur de moi. Ils me disaient que, si je m'y attelais, je pourrais trouver la satisfaction en tout temps.

J'ai progressivement adopté quelques nouvelles habitudes : chaque matin, j'exprime ma gratitude envers ce que m'offre la vie ; chaque soir avant de m'endormir, je repense à toutes les bonnes choses que la journée m'a apportées ; je ne m'inquiète plus sans cesse de l'avenir (je m'efforce de ne penser qu'au moment présent) ; et je m'exerce tout simplement à respirer, à vivre comme si chaque moment était précieux, comme si chaque seconde m'était comptée. J'aimerais bien qu'il existe une formule mystique ou magique qui nous permette de vivre automatiquement le moment présent, mais ces sages aînés m'ont appris qu'il faut mettre temps et effort pour intégrer cette perle de sagesse à sa vie.

Nous sommes nombreux à nous rappeler ces choses que nos parents ou nos grands-parents nous ont dites, des choses qui à l'époque nous sont passées au-dessus de la tête, mais qui aujourd'hui nous apparaissent comme de grandes vérités. Bill, aujourd'hui sexagénaire, m'a raconté que lorsqu'il était jeune, sa mère avait l'habitude de réveiller les enfants de la famille en entrant dans leur chambre et en disant, en même temps qu'elle tirait les rideaux : « Debout, la vie est ce qu'on en fait. » Bill m'a avoué : « À l'époque, je détestais ça, mais je crois que cela m'a aidé parce que c'était un rappel constant que la vie n'est pas ce qui nous arrive, mais la façon dont nous y réagissons. »

Vivre le moment présent, c'est choisir de se plonger dans la gratitude. Les sages aînés que nous avons interviewés nous ont dit et redit que la gratitude était la source de l'épanouissement personnel. Un grand nombre d'entre eux ont affirmé que, avec le passage du temps, ils accordaient moins d'importance à ce qu'ils n'avaient pas et éprouvaient de plus en plus de gratitude envers ce qu'ils avaient. La gratitude m'est alors apparue non pas comme une simple attitude, mais comme une philosophie de vie essentielle.

Il y a une sorte de grâce qui baigne la vie de ces gens et qui, je crois, fait partie du secret du bonheur. Ils ont compris que nous ne pouvons que faire de notre mieux chaque jour. Chaque matin, nous pouvons choisir de voir la vie comme un don et de vivre cette journée en étant pleine-ment présents. Nous ne pouvons pas toujours prévoir les résultats, mais nous pouvons exercer un contrôle sur nos réactions. Chaque jour, nous pouvons donner le meilleur de nous-mêmes, vivre pleinement cette journée, la voir comme un merveilleux cadeau. Chaque jour, nous pouvons ensei-gner à notre esprit à ne pas céder à l'obsession du regret, à ne pas s'inquiéter du lendemain et à vivre le moment présent. Chaque jour, nous pouvons exprimer de la gratitude pour ce que la journée nous a apporté. Et nous pouvons choisir de ne pas juger notre vie de façon ponctuelle (suis-je prospère, heureux, malheureux, un raté, bon, mauvais), mais de tout simplement la vivre.

Voilà plusieurs années, je donnais une conférence devant un vaste auditoire et j'ai remarqué un jeune homme au début de la trentaine qui était assis au milieu du premier rang. Il m'a écouté intensément. Il a pris beaucoup de notes, a ri à gorge déployée lorsque je faisais des blagues et a pleuré à chaudes larmes lorsque je racontais une histoire émou-vante. De temps en temps, il donnait un coup de coude à son voisin afin qu'il soit plus attentif. Après mon allocution, il s'est approché de moi et m'a demandé de lui dédicacer l'un de mes livres. Pendant que j'écrivais, il m'a remercié pour mon «grand discours», et je lui ai dit: «Non, c'est moi qui vous remercie.»

J'ai poursuivi: «Vous dégagiez une énergie extraordinaire, et pendant tout le temps où j'ai parlé, je l'ai sentie entrer en moi juste en vous regardant. Et vous étiez assis au premier rang.

– C'est une chose que j'ai apprise de ma grand-mère, a-t-il dit. Lorsqu'elle est décédée l'an dernier, personne n'a pleuré à ses funérailles. Il y a eu bien sûr de la tristesse, mais aussi beaucoup de rires. En partant, ma grand-mère n'avait rien laissé d'inachevé. Nous savions qu'elle avait joui de tout ce que la vie peut offrir: elle avait connu tous les plaisirs, elle avait vécu chaque moment pleinement, elle avait chaque jour donné tout ce qu'elle pouvait donner au monde. C'est en observant ma grand-mère que j'ai appris qu'il faut s'asseoir au premier rang où que l'on aille, chaque jour et chaque instant. On a alors la certitude que l'on sera une personne heureuse à l'heure de notre mort.»

Peut-être que nous devrions tous commencer chaque journée comme le suggère Joël. Au lever, disons merci pour cette autre journée qui nous est donnée et demandons à ne pas la gaspiller. Lorsque nous rencontrons des gens, saluons-les avec un: «Je suis ici» enthousiaste, et envoyons ainsi une prière de gratitude à notre inconscient. Chaque fois que nous sentons notre esprit se tourner vers les regrets qui nous viennent d'hier ou les inquiétudes que nous inspire demain, ramenons-le à l'instant présent. Tout au long de la journée, apprécions chaque petit plaisir, comme l'a fait John, ce peintre qui a «presque 94 ans», car cette journée est peut-être la dernière que nous connaîtrons. Et le soir, remémoronsnous toutes les bonnes choses qui se sont produites, même anodines, et demandons qu'il nous soit donné de vivre une autre journée.

Telle est la quatrième perle de sagesse :
Vivez le moment présent.

Voici quatre questions qu'il convient de vous poser chaque semaine et qui vous aideront à intégrer cette perle de sagesse à votre vie :

- *«Est-ce que j'ai pleinement apprécié tout ce que j'ai fait aujour-d'hui ou cette semaine ? Est-ce que j'étais vraiment "là" ou est-ce que j'ai uniquement fait acte de présence ?»*

- *«Est-ce que j'ai profité de tous les plaisirs qui m'étaient offerts aujourd'hui ou cette semaine (est-ce que j'ai réellement respiré le parfum des fleurs) ? Est-ce que j'ai avancé consciemment dans la vie ou est-ce que je me suis contenté de courir aveuglément ?»*

- *«De quoi est-ce que je suis reconnaissant aujourd'hui ou cette semaine ? Est-ce que je me suis surpris à dire : "Je serais heureux si…" ? Est-ce que j'ai choisi la satisfaction et le bonheur cette semaine ?»*

- *«Est-ce que j'ai vécu le moment présent aujourd'hui ou cette semaine, ou est-ce que j'ai laissé demain ou hier me voler le bonheur du jour ?»*

CHAPITRE SEPT

La cinquième perle de sagesse : Donnez plus que vous ne recevez

« Un individu ne commence à vivre que lorsqu'il s'élève au-dessus des limites étroites de ses préoccupations individuelles pour embrasser celles beaucoup plus vastes de l'humanité tout entière. »

– Martin Luther King

« Pour moi, la vie n'est pas une brève chandelle. C'est comme une torche splendide que j'ai pour le moment entre les mains et que je veux faire brûler aussi intensément que possible avant de la transmettre aux générations futures. »

– George Bernard Shaw

Il y a de nombreuses années, alors que je n'étais qu'un jeune membre du clergé, j'ai célébré la cérémonie funèbre d'un homme que je n'avais pas connu. Je n'oublierai jamais ce jour où, debout devant un cercueil fermé, j'ai prononcé son éloge funèbre dans une église déserte. Même si cet homme avait vécu dans ce pays pendant presque toute sa vie et que ses deux fils adultes n'habitaient qu'à quelques heures de là, personne n'était venu lui faire ses adieux. Seuls l'entrepreneur de pompes funèbres et moi étions présents. J'avais 25 ans et cette expérience m'a profondément marqué. *«Comment une personne peut-elle vivre si longtemps et toucher aussi peu de gens?»*, m'étais-je demandé.

Plus tard, après en avoir appris davantage sur la vie de cet homme, j'ai compris qu'il avait vécu en se concentrant presque uniquement sur ses propres besoins. Pendant la majeure partie des dernières années de sa vie, il avait été extrêmement amer, et le peu de lumière qu'il avait apportée dans ce monde s'était éteinte avec lui. Ses funérailles étaient à l'image de sa vie; il était mort comme il avait vécu.

Les funérailles de mon grand-père ont été complètement différentes. Le jour de la cérémonie, la famille a été étonnée par le nombre de personnes présentes à l'église. Mon grand-père avait été un homme tranquille et, pourtant, d'innombrables étrangers se sont avancés vers ma mère pour lui dire à quel point il avait fait une différence dans leur vie. L'entrepreneur de pompes funèbres s'est excusé d'avoir réservé pour les visites une salle «trop petite pour la vie que mon grand-père avait manifestement menée». Et puis un homme a dit à ma mère qu'un jour, cinq ans auparavant, il était debout devant la vitrine d'un magasin de vêtements, admirant une robe qu'il aurait bien aimé offrir à sa fille pour Pâques, mais qui était hors de prix. Mon grand-père passait par là et, après une brève conversation, il avait insisté pour acheter la robe, même s'il n'était pas riche, et avait dit à

l'homme : « Vous me rembourserez quand vous le pourrez. »
Une foule s'était rassemblée à ses funérailles, non pas à cause
de ce qu'il avait reçu dans ce monde, mais à cause de ce qu'il
avait donné.

Lorsque nous avons parlé de leur vie avec les sages
aînés, nous leur avons posé la question suivante : « Qu'est-ce
qui a surtout donné un but et un sens à votre vie ? » Leurs
réponses m'ont permis de découvrir la cinquième et dernière
perle de sagesse qu'il faut connaître avant de mourir. Et cette
dernière est : *Donnez plus que vous ne recevez.*

Des funérailles qui durent 10 minutes ou 10 heures

Les gens que nous avons interrogés répétaient souvent
que ce qui compte vraiment dans la vie, c'est ce que nous
laissons derrière nous, c'est la différence que nous avons faite
dans le monde. Le degré auquel les gens avaient le sentiment
que leur vie avait « compté » variait, mais c'était tout de
même un thème qui revenait. Pour certains, c'était d'avoir
vécu suffisamment longtemps pour constater que leurs
enfants étaient devenus des adultes en bonne santé et qu'ils
menaient une vie utile et remplie d'amour.

D'autres pensaient au travail qu'ils avaient accompli et
à l'impact que celui-ci aurait sur l'avenir. Pour d'autres
encore, c'était tout simplement le fait de savoir qu'en ayant
donné plus qu'ils n'avaient reçu dans leur vie quotidienne,
ils avaient en quelque sorte trouvé le bonheur par hasard.
En écoutant parler ces personnes que d'autres avaient

déclarées heureuses, nous avons réalisé que ce sont ceux qui donnent le plus qui trouvent le bonheur.

Ken, 64 ans, a trouvé le bonheur dans son salon de coiffure d'une petite ville d'Iowa. Pendant plus de 40 ans, il a écouté ses clients lui raconter leur vie et a ainsi trouvé le moyen de leur rendre service.

«J'ai découvert que le plus grand bonheur que l'on puisse trouver dans la vie vient toujours de ce que l'on donne et non de ce que l'on reçoit. Ces gens qui venaient se faire couper les cheveux avaient une vie difficile, ils travaillaient la terre. Pendant une demi-heure, je m'occupais d'eux, je les aidais à se détendre et je faisais quelque chose pour eux. Le plus grand avantage que m'a apporté mon métier a été de participer à la vie des gens. Être coiffeur, c'est comme être prêtre; les gens viennent à vous et vous racontent leur vie. Il peut s'agir d'un adolescent qui a des problèmes avec ses parents, ou d'un mari qui traverse une période difficile à la maison. Vous écoutez, et d'une certaine façon vous essayez de les aider. Le plus grand plaisir dans la vie, c'est de constater que l'on a pu améliorer quelque chose.»

Ken m'a dit qu'il avait assisté à un grand nombre de funérailles. Il s'était même rendu à l'occasion dans des salons mortuaires pour faire une dernière coupe de cheveux à l'un de ses anciens clients. «Lorsqu'on est coiffeur dans une petite ville, on connaît pratiquement tout le monde, et c'est pour cette raison que j'ai assisté à tant de funérailles. J'ai remarqué qu'il y en a qui durent 10 minutes et d'autres 10 heures. Certaines personnes ont connu une vie qui a touché tant de gens de façon positive que ces derniers s'attardent longtemps pour parler du disparu. D'autres personnes ont mené une vie plus centrée sur elles-mêmes et les gens ont alors une attitude différente. Je crois qu'il faut vivre sa vie comme si l'on voulait avoir des funérailles qui durent 10 heures. »

En écoutant Ken, je n'ai pu m'empêcher d'imaginer mes propres funérailles. Dureraient-elles 10 minutes ou 10 heures ? Aurais-je vécu de manière à ce que les autres aient le sentiment que ma vie avait été une bénédiction pour eux ? J'hésite à admettre que, lorsque j'étais un jeune homme, je me plaisais parfois à imaginer ce que seraient mes funérailles si je mourais subitement très jeune. Rempli d'idées de grandeur, j'imaginais les larmes de mes proches endeuillés. Maintenant que je suis un homme d'âge mûr, je me rends compte que nous ne vivons pas de manière à avoir un beau service funèbre. Nous avons de belles funérailles parce que nous avons vécu noblement. C'est ce que Ken a découvert dans son salon de coiffure.

Jack, 67 ans, qui avait étudié l'ingénierie, était entré à contrecœur au service de l'entreprise de son père. Il avait observé ce dernier et avait vu ce qu'une vie dédiée au service peut apporter à un individu. « Mon père a été le plus grand modèle de rôle dans ma vie. C'était un homme incroyablement bon. Il était le propriétaire d'une entreprise prospère, et pourtant il avait cédé une part des actions de la compagnie à ses employés au début des années 1960 parce qu'il croyait que c'était la bonne chose à faire, bien avant que cela ne devienne une pratique courante.

« L'argent ne l'intéressait pas beaucoup, il s'engageait plutôt dans des causes soutenant les relations interraciales ; si vous posiez la question autour de vous dans notre ville d'un million d'habitants, les gens répondaient qu'il était l'un des hommes les plus dignes de confiance à Dallas. Il travaillait beaucoup et il aimait jouer au football. Mais son plus grand talent était tout simplement d'être un homme bon. Je l'admirais, et je voyais que les autres l'admiraient beaucoup. Je suppose que cela a influé sur ma conception du succès. »

Pendant plusieurs décennies, Jack a dirigé l'une des entreprises privées les plus respectées aux États-Unis. Il a siégé au conseil d'administration de nombreux organismes et il est maintenant le président du conseil scolaire d'un grand centre urbain. Lorsque je lui ai demandé ce qui avait donné le plus de sens à sa vie, il m'a répondu : « Eh bien, tout d'abord mes enfants et le fait de les avoir élevés correctement. Si vous avez des enfants, je crois que le prix d'entrée dans la race humaine consiste à tenter de leur léguer l'envie d'être des gens meilleurs que vous ne l'êtes vous-même. C'est ce que l'on transmet à la génération suivante. Mais je suis aussi très fier de mon entreprise et de l'impact qu'elle a eu sur la vie des gens. Je suppose que j'aime rendre les choses meilleures. »

Plus je l'écoutais, plus je prenais conscience que les gens heureux sont toujours des *donneurs*, et non des *preneurs*. Ils ne sont peut-être pas aussi désintéressés que Mère Teresa, mais ils ont découvert que plus nous donnons, plus nous connaissons un grand bonheur.

Demandez à la vie ce qu'elle attend de vous

Viktor Frankl, un psychothérapeute juif, a été emprisonné dans un camp de concentration nazi de 1942 à 1945. Il a raconté son expérience dans un livre intitulé *Découvrir un sens à sa vie avec la logothérapie.* L'une des plus importantes sections du livre traite de la question du suicide.

Viktor Frankl raconte que de nombreux prisonniers songeaient au suicide, ce qui n'a rien d'étonnant étant donné qu'ils avaient tous été brimés, privés de leur liberté, de leur vie, de leur foyer, de leur famille et de leur dignité. M. Frankl a constaté que l'on ne peut pas convaincre quelqu'un de demeurer en vie en lui disant que le monde a quelque chose à lui apporter, qu'un certain bonheur l'attend dans l'avenir. Cependant, si on arrive à aider un individu à voir que le monde attend quelque chose de lui, à lui faire comprendre qu'il peut faire le bien autour de lui, il choisit presque toujours la vie. Viktor Frankl a conclu que les gens qui savent ce que le monde attend d'eux ne mettent jamais fin à leurs jours.

Si *donner plus que l'on ne reçoit* est l'un des secrets du bonheur et du sens de la vie, c'est entre autres parce que nous pouvons exercer beaucoup de contrôle sur ce que nous donnons (mais pratiquement aucun sur ce que nous recevons). Chaque jour, nous avons le pouvoir de donner sans limites. Nous pouvons choisir d'être aimables, de servir, d'aimer, d'être généreux et de laisser un monde en quelque sorte meilleur. Je suis arrivé à la conclusion qu'il y a quelque chose en nous, les êtres humains, qui désire éperdument apporter une contribution ici-bas.

Antony, 86 ans, a été acteur toute sa vie, ayant joué au cinéma et au théâtre sur plusieurs continents. Il est toujours actif en tant que comédien et réalisateur. Dès l'instant où nous nous sommes rencontrés, il m'est apparu clairement qu'il avait intégré les cinq perles de sagesse à sa vie. Il avait trouvé un travail qu'il aimait et il avait écouté son cœur. Il avait fait place à l'amour dans sa vie et en avait donné aux autres. Même s'il aimait les applaudissements et les honneurs, il m'a dit que ce qui comptait vraiment pour lui, c'était de savoir qu'il avait eu une influence sur les autres.

« Lorsque j'étais jeune, c'est l'obtention d'un rôle qui comptait le plus pour moi. Mais en vieillissant, on se rend compte que l'on ne retire pas de véritable joie à être payé pour s'extasier devant une tasse de café ; on veut plutôt savoir que le travail que l'on fait est important. Récemment, je jouais le rôle principal dans la pièce intitulée *Tuesdays with Morrie*, et les critiques étaient fantastiques. Mais ce qui m'a le plus touché, c'est une lettre que m'a écrite un jeune homme qui avait vu la pièce. Il venait de Corée et était en voyage avec sa famille. Il m'a écrit que c'était la première pièce qu'il voyait et que ma performance avait changé sa vision de la vie et de ce qui compte vraiment. À mes yeux, cette lettre valait bien plus que des applaudissements. »

L'acteur de 86 ans m'a également rappelé que, souvent, il nous faut plusieurs années avant de réaliser que notre vie a fait une différence. Antony m'a raconté une merveilleuse anecdote au sujet de l'un de ses anciens étudiants.

« Plus tôt dans ma vie, j'ai enseigné l'art dramatique lorsque je vivais en Angleterre, et bien que je préférais le jeu à l'enseignement, je crois que j'ai fait une réelle différence dans la vie de mes étudiants. Peut-être parce que je ne tentais pas de leur imposer MON style, mais plutôt de les aider à découvrir le leur. »

Près de 40 ans après être venu s'installer au Canada, il est retourné en Angleterre avec sa femme pour y travailler et c'est là que l'un de ses anciens étudiants a communiqué avec lui. Il lui a demandé s'il pouvait les inviter à souper pendant qu'ils seraient à Londres et il leur a donné l'adresse de leur lieu de rendez-vous. Quand Antony et sa femme s'y sont présentés, ils se sont rendu compte qu'il s'agissait d'un restaurant gastronomique extrêmement huppé.

Le repas a été excellent et la conversation agréable. Lorsque l'addition est arrivée, Antony a offert de payer sa part, car il savait qu'elle était élevée. Mais Kenny, celui qui avait été son élève plus de 40 ans auparavant, a été plus rapide que lui.

«Non, j'insiste. Ne vous rendez-vous pas compte», a dit son ancien élève maintenant dans la cinquantaine, «que je vous dois tout ce que j'ai dans la vie? Votre enseignement a changé ma vie. Vous avez allumé en moi la flamme du théâtre et vous m'avez enseigné ce que signifie le professionnalisme. Je dois ma réussite à votre enseignement.»

Même s'il gardait un bon souvenir de cet ancien élève, il ne s'était jamais douté de la différence qu'il avait pu faire dans la vie de celui-ci. «C'est alors que j'ai compris qu'on ne sait pas toujours quelle différence on peut faire dans la vie d'autrui. Il nous faut parfois de nombreuses années pour en prendre conscience, et parfois cela nous échappe à tout jamais. Cela a été tout un choc pour moi de constater que j'avais à ce point influé sur sa vie.»

Bien entendu, cela est vrai pour chacun d'entre nous, et non pas uniquement pour Antony. Nous ne discernons souvent que la partie visible de l'iceberg lorsqu'il s'agit de la différence que nous avons faite dans le monde pendant notre vie. Un grand nombre des gens que nous avons interviewés nous dit que, lorsqu'ils avaient assisté aux funérailles de personnes qui leur étaient chères, il y avait beaucoup de gens qui se déplaçaient pour parler de la différence que le disparu avait faite dans leur vie. Nous changeons quelque chose dans la vie des gens, même si nous n'en avons pas conscience.

À la suite de ces entrevues, je me suis rendu compte qu'un grand nombre d'entre nous désire ardemment être reliés à quelque chose de plus grand que nous. Nous y parvenons en donnant. Georges, le physicien de 71 ans, m'a parlé de ses croyances spirituelles. « Plus j'ai étudié la physique, plus j'ai cru en ce qui unit toutes choses. Il y a une connexité dans l'univers que nous ne comprenons pas totalement. » Il a poursuivi en me disant que « tôt ou tard, nous réalisons que nous n'emporterons rien avec nous dans la mort, mais que nous pouvons laisser quelque chose derrière nous. »

L'ultime tâche dans la vie : se perdre soi-même

Pendant que je menais ces entrevues, de nombreuses personnes m'ont interrogé sur le rôle que la « religion » ou la « spiritualité » avait joué dans la vie de ceux qu'on nous avait désignés comme ayant trouvé le bonheur et un but. Est-ce que ces gens que l'on affirmait sages et heureux étaient plus « religieux » ? J'ai découvert que ce n'était pas la religion comme on l'entend habituellement que ces gens avaient en commun, mais plutôt une connexion avec quelque chose de plus grand qu'eux.

Chez certains, il s'agissait d'une croyance en un Dieu personnel ; pour d'autres, c'était une croyance en un lien avec le voyage humain tout entier (avec ce qui vient avant et après nous) ; et pour d'autres encore, c'était la certitude qu'il y a un grand mystère auquel nous sommes liés en tant qu'êtres humains. Dans tous les cas, j'ai constaté que, au cœur de cette connexion, de ce lien, se trouvait l'importance d'être charitable et au service d'autrui. Jim l'a expliqué ainsi : « Ce qui a donné un sens à ma vie, c'est de savoir qu'en partant, je laisserai le terrain de camping plus propre qu'à mon arrivée. »

Lorsque Dick, 70 ans, était adolescent, il a découvert qu'un lien solide l'unissait à Dieu. « J'ai demandé à Dieu d'être présent dans ma vie et c'est la règle d'or qui a fait pour moi la plus grande différence, cette règle qui veut tout simplement que l'on fasse preuve de bonté. J'ai tenté d'appliquer cette règle dans ma vie tant professionnelle que personnelle. Au fil des ans, cela m'a placé dans certaines situations surprenantes. Par exemple, à la Nouvelle-Orléans, j'ai fait la connaissance d'un homme à la barbe grise qui vivait dans la rue. Je me trouvais là-bas avec un ami pour affaires et, un soir, nous marchions tranquillement dans le quartier français lorsque cet homme a surgi de l'ombre et m'a demandé à manger.

« Mon ami a été choqué lorsque j'ai invité l'inconnu à nous accompagner au restaurant. Je lui ai dit qu'il pouvait commander tout ce qui lui plaisait, et il l'a fait. Lorsque nous l'avons ensuite quitté, il m'a donné une preuve d'amour en me remerciant tout simplement d'avoir été aussi gentil avec lui. J'ai toujours consigné dans mon journal intime ces moments où j'ai pu aider les autres. Et cela a toujours été mon plus grand bonheur.»

Donald, 84 ans, a grandi dans une famille où la charité était le fondement d'une bonne vie. «Servir est une notion chrétienne; chez les juifs, on parle de charité. Lorsque j'étais jeune, mes parents avaient placé de petites boîtes près de la porte d'entrée. Chaque soir, mon père y déposait quelques pièces et chaque boîte correspondait à une œuvre de charité différente. Ils veillaient à ce que nous connaissions ces organismes et à ce que nous comprenions les besoins de ceux que nous aidions.» Comme la «règle d'or» a guidé Dick, le concept juif de la Tzedakah, qui est l'obligation de faire la charité en général, et plus particulièrement aux pauvres, a modelé la quête du bonheur de Donald.

Toutefois, ce sentiment d'être relié à un tout en s'oubliant et en aidant les autres n'était pas uniquement le lot de ceux qui nourrissaient de profondes convictions religieuses. Ceux qui affirmaient être athées ou agnostiques m'ont dit que de se sentir relié à quelque chose de plus grand que soi, c'était primordial pour trouver le bonheur. Bob, 60 ans, est biologiste. Comme je l'ai dit plus tôt, il avait 10 ans lorsqu'il a annoncé à sa mère que la biologie serait sa profession. Son amour des grands espaces a modelé sa vie et il vit en étroite communion avec la nature. «Lorsqu'on est biologiste, on vit chaque jour des pertes en constatant la destruction du monde naturel.»

Le sentiment de rendre les choses meilleures a donné un sens à sa vie. «Je sais qu'il y a des zones sauvages sur terre qui me survivront. Je sais que j'ai contribué à la création de plusieurs organismes qui poursuivront leur œuvre même après ma mort. Certaines personnes considèrent que leurs enfants sont leur héritage. Pour moi, cela a été mon travail. »

Comme je l'ai mentionné dans le prologue de cet ouvrage, nous avons interviewé quelques « aînés amers » qui s'étaient glissés dans le groupe. Même si nous avions demandé que l'on nous propose le nom de gens qui avaient vécu longtemps et qui avaient trouvé la sagesse, nous avons constaté que quelques individus conservaient tout de même de l'amertume envers la vie qu'ils avaient connue. J'ai constaté que ce qui distingue avant tout les aînés qui sont satisfaits de leur vie de ceux qui sont amers est un sentiment de connexion avec quelque chose de plus grand que soi.

L'une des conclusions auxquelles je suis arrivé porte sur les deux grandes tâches que doivent accomplir les êtres humains : *se trouver* et *se perdre*. Nous nous trouvons en découvrant notre destinée et en étant fidèle à soi-même. Mais il ne suffit pas de se trouver, il faut également se perdre.

Se perdre, c'est comprendre que l'on est relié à quelque chose de plus grand que soi, à quelque chose qui a vécu avant nous et qui vivra après nous. Différents noms ont été donnés à ce concept dans les traditions spirituelles, mais un trait commun en ressort, et c'est la perte de soi en tant qu'entité signifiante. Notre existence a un sens parce que nous faisons partie d'un tout. Pour certains, ce tout est Dieu ; pour d'autres, c'est le voyage de la vie ; et pour d'autres encore, c'est la nature tout entière. J'ai constaté que ceux qui se sont à la fois trouvés et perdus ont découvert le bonheur. Il n'y a pas de meilleure façon de se perdre soi-même que de vouer sa vie à donner, à laisser un monde meilleur derrière eux. Cela établit une connexion avec l'avenir et nous relie au passé.

Cette connexion avec la chaîne de la vie donne un sens à notre existence. Bill, 64 ans, a dit : «Mes deux enfants et mes quatre petits-enfants ont donné un but et un sens à ma vie, un sens qui va au-delà de mon enveloppe charnelle. Mes enfants sont d'excellentes personnes qui se soucient des autres. Et c'est ma propre mère, aujourd'hui âgée de 85 ans, qui m'a transmis ces valeurs. On a le sentiment d'avoir un but en faisant partie de ce flux, de cette chaîne d'amour qui relie les générations.»

L'un des témoignages les plus émouvants que j'ai entendus est celui d'un ancien homme d'affaires appelé Harvey, âgé de 63 ans, qui est devenu acteur alors qu'il était quinquagénaire et qui a joué dans plus de 50 films. «Le jour le plus important de ma vie est un jour dont je ne me rappelle même pas. Le jour le plus important de ma vie est le jour où je suis né, car j'ai eu la chance d'hériter ainsi de merveilleux parents (et on peut difficilement être plus chanceux). Et ce n'est pas tant ce qu'ils m'ont dit que la façon dont ils ont vécu qui a eu la plus grande influence sur ma vie. Ma mère était très dévouée et mon père était un homme charitable. Il donnait et m'a enseigné la valeur du don. Je garde un vif souvenir des funérailles de mon père à Montréal, une cérémonie qui a réuni mille personnes ; je ne savais pas que mon père connaissait mille personnes. Elles ont été nombreuses à me dire combien mon père avait fait une différence dans leur vie.»

Mais de ce jour-là, Harvey garde surtout le souvenir d'un homme qui s'est approché de lui et qui lui a dit quelque chose qu'il ignorait à propos de son père. «Lorsque j'étais jeune, il y a eu une grande vague d'immigration juive au Canada, des gens qui venaient d'Europe orientale et d'Allemagne. Il y avait un organisme appelé Hebrew Free Loan Association qui accordait des prêts sans intérêt à ces immigrants. Après la cérémonie funèbre, un homme est venu me voir et m'a dit que mon père avait cosigné chacun de ces prêts.» Mais il n'en avait jamais parlé à Harvey. Harvey a appris auprès de sa mère et de son père que la charité engendre le bien, non seulement dans la vie d'autrui, mais aussi dans la vie de celui qui donne.

Bien entendu, nous faisons partie de cette chaîne du don, que nous ayons des enfants ou non. Antony en a fait partie par le biais de l'enseignement. Le père de Harvey en a fait partie par le biais de son travail humanitaire, qui en a inspiré d'autres à faire de même. Et par notre seule présence dans ce monde, soit nous attisons le feu de l'amour et de la vie, soit nous en diminuons l'intensité. Ces entrevues m'ont appris que lorsque nous donnons plus que nous ne recevons, nous nous sentons connectés à ce grand tout qui donne un sens à la vie. J'ai appris que l'on peut se perdre soi-même dans ce grand tout.

En écoutant les témoignages de ces gens parvenus au crépuscule de leur vie, j'ai réalisé que nous sommes tous un maillon de cette grande chaîne de la vie. Chacun de nous entre dans le monde en croyant qu'il est seul et que sa vie est plus importante que tout autre. Nous sommes conscients de notre existence individuelle, et puis vient un temps où nous comprenons que nous participons à une grande conversation.

Un grand nombre des gens que j'ai interviewés m'ont parlé du jour où ils ont compris qu'ils n'étaient qu'un grain de sable dans un vaste paysage. C'est en vivant en harmonie avec ce grand tout que l'on trouve finalement le bonheur, en oubliant notre propre personne et nos petits problèmes, en nous unissant à quelque chose de plus grand que nous. De nombreuses traditions spirituelles sont axées sur ce paradoxe : on ne peut trouver le bonheur qu'en s'oubliant soi-même.

Même si j'ai réalisé ces entrevues avec l'intention de découvrir les secrets du bonheur et du sens de la vie à tout âge, les personnes à qui j'ai parlé m'ont beaucoup appris au sujet de l'art du vieillissement. J'ai surtout compris que les gens les plus heureux sont ceux qui sont le moins égocentriques. Il y a peu de choses plus déprimantes qu'une personne âgée centrée sur elle-même et sur ses petits problèmes. J'ai découvert que les gens les plus heureux ont vécu pleinement, ont su trouver ce qui était important pour eux, et se souciaient surtout, à la fin de leur vie, de ce qu'ils laisseraient derrière eux.

Pendant ces mois où j'ai écouté parler ces gens de plus de 60 ans, j'ai peu à peu pris conscience que nous vivons dans un monde emprunté. Chaque génération « emprunte » le monde de celle qui l'a précédée et l'administre avant de le céder à la suivante. Chaque génération est l'intendante de ce don magnifique pendant qu'elle en a la jouissance. J'ai remarqué que tous ces gens à qui j'ai parlé reconnaissent que le bonheur appartient à ceux qui donnent et qui se sentent profondément responsables de l'avenir.

Ralph, un sexagénaire, a été élu chef d'une tribu autochtone de l'île de Vancouver, dans l'ouest du Canada. Il n'a pas hérité de ce titre ; il a été choisi par son peuple à cause de ses qualités personnelles. Il m'a raconté une très belle histoire à propos d'une expérience qu'il a vécue alors qu'il était adolescent.

« Nous vivions sur la côte de l'océan Pacifique et assistions chaque année à la grande migration du saumon. Nous attendions toujours avec impatience la saison de la pêche, car nous avions besoin de ce poisson pour nous nourrir durant l'hiver. Une année, mes deux frères adolescents et moi sommes montés à bord du bateau avec mon père, tôt le matin. Le saumon était si abondant qu'il ne nous a fallu que quelques heures pour remplir l'embarcation. Mes frères et moi étions très excités et nous avions hâte de rentrer, de débarquer le poisson et de reprendre la mer pour en capturer davantage. »

Le chef Ralph a poursuivi : « Lorsque nous avons annoncé à mon père que nous étions prêts à repartir, il a dit : "Non, c'est terminé." Nous lui avons demandé pourquoi. Nous savions qu'il y avait encore beaucoup de poissons. Mais mon père a dit : "Non, nous en avons assez. Nous devons en laisser pour les autres." Nous avons donc passé les jours suivants à aider les autres membres de la tribu à réparer leurs filets afin que, eux aussi, ils en aient assez. Voilà ce dont je me souviens. »

Je trouve que cette histoire est magnifique. Ces adolescents illustrent tellement bien ce que nous croyons être vrai lorsque nous sommes jeunes. Nous voulons capturer le plus de poissons possible. Nous croyons que le bonheur réside dans le nombre d'expériences que nous vivons ou de biens que nous accumulons. Plus tard, souvent trop tard, nous découvrons que l'amour, l'altruisme et les relations avec le monde sont la véritable nourriture de l'âme humaine. Le père de Ralph savait qu'il vivait dans un monde emprunté. Pour lui, il était important de prendre ce qu'il lui fallait pour subsister, uniquement en fonction de ses besoins. Le poisson n'appartenait pas à sa famille, ni même à sa tribu. Le poisson lui était prêté par la génération précédente et il devait le préserver pour les générations futures. J'ai le sentiment que le père de Ralph savait que la leçon la plus importante qu'il pouvait donner à ses fils adolescents n'avait pas trait aux techniques de pêche, mais au fait que donner est le plus grand plaisir que puisse connaître un être humain.

Une semaine après que Ralph m'a raconté cette histoire, j'ai lu que plus de 80 % des pêcheries dans le monde sont en péril. Nous avons puisé dans les eaux de notre planète sans penser à ceux qui vivraient après nous. Un autre aîné autochtone, Grand Bison blanc, qui a survécu à une chute dans les eaux glacées d'un lac, m'a exposé son point de vue. Il m'a dit : « Mon peuple croit en une spirale de la vie. Les êtres humains sont au sommet de la spirale, mais cela ne signifie pas que nous sommes les plus importants, mais plutôt les plus vulnérables. Nous dépendons de toutes les autres formes de vie, nous ne sommes pas plus importants qu'elles. » Mais il n'est pas trop tard pour apprendre de nos aînés.

Il m'apparaît que tout comme l'être humain, en tant qu'individu, on peut trouver davantage de bonheur en faisant le bien autour de soi. Une génération tout entière (ou une société) se doit de vivre selon cette cinquième perle de sagesse. Lorsqu'une génération ou une société ne songe qu'à son confort et à accumuler des biens au lieu de chercher un sens à son existence, cette génération ou cette société, comme l'individu, perd de sa vitalité. Tout comme l'individu, plus une société se soucie davantage des besoins de son « petit moi », en recherchant le luxe, les biens matériels et le bonheur personnel, plus elle risque de se détériorer. Cependant, lorsque nous tendons vers un but fondamental en tant que collectivité, en léguant un monde meilleur à la génération suivante, nous trouvons un sens à l'existence.

En Tanzanie, j'ai demandé à plusieurs aînés de diverses tribus si l'avenir leur inspirait de l'inquiétude. Ils ont tous répondu par l'affirmative. Et les gens à qui j'ai parlé dans le cadre de ce projet d'écriture se sont également dits profondément inquiets. Un grand nombre d'entre eux ont affirmé être grandement préoccupés par les tensions grandissantes entre les groupes religieux, la destruction massive de l'environnement et notre réticence à faire des sacrifices pour sauver la planète. Mais j'ai également découvert que, souvent, leur plus grande source de bonheur était de songer que, même sur une petite échelle, ils avaient contribué à bâtir un monde meilleur.

Cessez de vous apitoyer sur votre sort

Susan, 68 ans, m'a dit : « Avec l'âge, j'ai cessé de m'apitoyer sur mon sort et j'ai commencé à me soucier du sort du monde. En vieillissant, on se rend compte que nous ne sommes pas éternels et que le monde continuera d'exister quand nous le quitterons. » Lorsqu'elle a prononcé ces mots, j'ai compris que les gens les plus heureux que nous avons interviewés avaient appris à se soucier du sort du monde, alors que les gens les plus malheureux continuaient à s'apitoyer sur leur propre sort. Nous pouvons comprendre et retenir cette leçon à un jeune âge ou au milieu de notre vie : le plus grand bonheur vient de ce que l'on donne.

C'est une image splendide. Ces 200 personnes m'ont fait comprendre que, en vieillissant, certains d'entre nous s'apitoient sur leur sort (en entretenant leurs déceptions et leurs regrets), alors que d'autres apprennent à se soucier du sort du monde. Lorsque nous apprenons à nous soucier du sort du monde et à ne plus nous apitoyer sur notre propre sort, nous réussissons à nous perdre dans ce grand tout.

« Ce qui compte, c'est la façon dont nous nous traitons les uns les autres », m'a dit Susan, « et la façon dont nous interagissons avec l'environnement. Nous devons penser à l'impact que nous avons sur l'avenir. »

Peut-être que le bonheur ne peut pas faire l'objet d'une quête. Peut-être que le bonheur est le sous-produit d'un cheminement plus profond. Juana, 64 ans, a dit : « Si vous êtes malheureux, attelez-vous à faire quelque chose pour quelqu'un d'autre. Si vous ne pensez qu'à vous, vous serez malheureux. Si vous aidez les autres, vous serez heureux. C'est dans l'altruisme et l'amour que l'on trouve le bonheur. »

Lorsque ma fille aînée, Lena, étudiait à l'école secondaire, elle m'a dit que son but dans la vie était de « devenir célèbre ». Intrigué, je lui ai demandé ce pour quoi elle souhaitait devenir célèbre. « Cela n'a pas d'importance, a-t-elle répondu, je veux seulement que les gens connaissent mon nom. » Apparemment, elle n'est pas la seule à penser ainsi ; une étude récente révèle qu'un tiers des élèves du secondaire rêvent de connaître la célébrité.

Dans un monde qui est accro à la téléréalité et à l'effervescence qui accompagne un moment de gloire de 15 minutes (souvent pour une raison insignifiante), le désir d'être célèbre a en quelque sorte remplacé la quête du sens de la vie. À l'époque, j'ai dit à ma fille que la célébrité sans contribution avait peu de signification, mais qu'une contribution, même non reconnue, était une récompense en soi. Elle m'a lancé l'un de ces regards dont seuls les adolescents ont le secret lorsqu'on leur tient pareil discours.

Les entrevues que j'ai effectuées n'ont fait que confirmer à mes yeux la valeur de ce que j'ai dit à ma fille. Les gens les plus heureux que j'ai interviewés savaient que leur vie avait été significative, qu'ils avaient apporté une contribution au monde. Les gens les plus malheureux n'avaient pensé qu'à eux et s'étaient acharnés à trouver le bonheur, à se faire aimer, à accumuler des biens matériels, à chercher le prestige et la « célébrité ».

Ces conversations avec des aînés m'ont permis de contempler une vérité séculaire sous un jour nouveau. Nous vivons dans un monde emprunté. Les gens les plus heureux sont ceux qui savent qu'ils laisseront derrière eux un monde meilleur, quelle que soit leur contribution, par exemple des enfants responsables, l'avancement d'une cause ou l'influence qu'ils auront eue sur un petit groupe de gens.

Mais est-ce que chacun d'entre nous a la capacité de changer le monde ? La physique nous a appris que les choses sont beaucoup plus interconnectées que nous ne l'avions jamais imaginé. Les particules atomiques interagissent l'une avec l'autre et créent le mouvement. Il en va de même avec l'activité humaine. Nous influons tous sur le « mouvement » du monde dans la façon dont nous interagissons avec lui. Mis ensemble, ces changements imperceptibles forment l'avenir.

Robert Kennedy a écrit un jour : « Le pouvoir de façonner l'histoire n'est pas donné à tout le monde ; mais nous pouvons tous veiller à apporter une petite contribution, et la somme de ces gestes saura écrire l'histoire d'une génération… L'histoire de l'humanité est le résultat d'innombrables actes de courage et de conviction. Chaque fois qu'un homme défend un idéal ou une action pour améliorer le sort des autres ou s'élever contre une injustice, il envoie dès lors une petite vague d'espoir. En s'entrecroisant à partir d'un million de pôles différents d'énergie et d'audace, ces courants s'unissent en un raz-de-marée capable d'abattre les murs les plus puissants de l'oppression et de la résistance. »

Je me souviens très bien de la première fois où j'ai vu la Voie lactée. J'ai grandi dans un grand centre urbain et j'avais rarement vu plus de quelques étoiles dans le ciel, la nuit. Mais plus tard, j'ai eu la chance de participer à un voyage d'études dans l'archipel des Bermudes. À cette époque, il y avait peu d'éclairage électrique dans les îles périphériques. Un soir, vers minuit, je me suis rendu au sommet d'une colline avec des amis et nous nous sommes allongés sur l'herbe pour admirer le ciel nocturne.

Avec le chant des rainettes qui dansait dans mes oreilles, j'ai découvert la Voie lactée. Il y avait au-dessus de moi, dans le ciel, une avenue d'étoiles si dense qu'on aurait dit que le Créateur avait répandu une traînée de lait sur le firmament. Cette vision m'est apparue encore plus exaltante lorsque mes compagnons m'ont appris que la Voie lactée n'était pas «là-bas», car notre système solaire (le Soleil et toutes ses planètes) se trouve au milieu de cette Galaxie que l'on appelle la Voie lactée. Ce que je voyais au-dessus de moi était en fait autour de moi.

En contemplant le ciel, je me suis rappelé une chose que j'avais apprise pendant un cours d'astronomie : un grand nombre des étoiles que nous voyons n'existent peut-être plus. Elles sont si éloignées de notre planète qu'il faut des millions d'années avant que leur lumière parvienne jusqu'à nous. J'admirais le scintillement d'étoiles dont certaines étaient mortes depuis longtemps. J'avais 19 ans, et je me rappelle avoir pensé que la vie de certaines personnes ressemblait à celle de ces étoiles, brillant encore dans le monde longtemps après l'avoir quitté. Dans une prière, j'ai fait le vœu que c'est ainsi que je vivrais.

Telle est la cinquième perle de sagesse : *Donnez plus que vous ne recevez*. C'est cet oubli de soi qui nous permet de nous connecter à quelque chose de plus grand que nous. C'est lorsque nous donnons que le bonheur nous trouve.

Voici quelques questions qu'il convient de vous poser chaque semaine et qui vous aideront à intégrer cette perle de sagesse à votre vie :

- *« Cette semaine, ai-je contribué, même avec un petit geste, à faire de ce monde un meilleur endroit où vivre ? »*

- «*Me suis-je rappelé cette semaine que je fais une différence dans ce monde, même si je n'en ai pas conscience?*»

- «*Ai-je été gentil, généreux et charitable cette semaine? En quoi pourrais-je l'être davantage demain ou la semaine prochaine?*»

- «*Cette semaine, me suis-je davantage soucié des besoins de ma "petite personne" (biens matériels, statut social, pouvoir) que de ceux de mon "moi plus grand" (contribution à la création d'un monde meilleur)?*»

- «*De quelle façon est-ce que je souhaite mieux intégrer cette perle de sagesse à ma vie la semaine prochaine?*»

CHAPITRE HUIT

Savoir et agir
(la mise en pratique
des perles de sagesse)

«Le problème avec le sens commun, c'est qu'il
n'a rien de commun.»

– Mark Twain

«Être sage, c'est savoir quel geste faire; la
vertu vient en agissant.»

– David Starr Jordan

J'ai atteint un tournant dans le processus d'entrevues lorsque j'ai parlé à Ron, 71 ans, cet homme qui a écouté son cœur en choisissant de devenir chiropraticien et qui ne s'est pas laissé influencer par son entourage. Comme bon nombre des personnes que j'ai interviewées, il était entouré d'une aura de calme qui cadrait parfaitement avec son témoignage. Il m'a aidé à comprendre qu'il ne suffit pas de connaître les perles de sagesse.

Ron est persuadé qu'il a trouvé le bonheur parce qu'il a écouté son cœur. Sa vie a été ponctuée de moments charnières où son cœur lui a indiqué qu'il devait apporter des changements, et il l'a toujours écouté. Et chaque fois, pour «écouter son cœur», il a dû agir : parfois en faisant preuve de courage, souvent en ne tenant pas compte de l'avis des autres, et surtout en choisissant de faire confiance à ce qu'il savait être vrai. Je lui ai demandé : «Comment pouviez-vous dire que vous écoutiez effectivement votre cœur ?»

«Je suppose que je le sentais. C'est difficile à expliquer, mais c'est comme si j'entendais une petite voix qui me disait quoi faire. C'est peut-être ainsi que la plupart des gens arrivent à savoir ce qu'ils veulent. Mais nous devons avoir la discipline d'écouter, et ensuite le courage d'agir. J'ai compris que lorsqu'on sait ce que l'on veut, il faut foncer. Il ne suffit pas de savoir.»

Au moment même où il prononçait ces mots, j'ai su qu'il disait quelque chose de simple et d'incroyablement important. Pour de nombreuses personnes, l'obstacle majeur n'est pas de savoir, mais d'agir. Peut-être que beaucoup d'entre nous connaissent les secrets du bonheur et du sens de la vie, mais que nous ne les intégrons tout simplement pas à notre vie. Savoir ce que l'on veut n'est que la première étape.

Ce n'est pas savoir qui est le problème

Pensez à toutes ces connaissances que nous avons et que nous ne mettons jamais en pratique. Nous savons que la cigarette peut nous tuer, tout comme le manque d'exercice, de mauvaises habitudes alimentaires et le stress. Nous savons que les relations interpersonnelles sont importantes et souvent fragiles, mais cela ne nous empêche pas de les négliger fréquemment. Nous savons que l'argent ne fait pas le bonheur, que la vie est courte, et que les pensées négatives et destructrices peuvent miner le bonheur. Nous savons tant de choses, mais ce n'est pas savoir qui est le problème.

Songez un instant aux trouvailles issues de la recherche effectuée auprès de patients atteints d'insuffisance coronaire (artères bloquées). Après avoir subi des traitements visant à leur sauver la vie, ou même après avoir frôlé la mort, ces patients doivent prendre une décision plutôt radicale : changer ou mourir. Devant cette quasi-certitude qu'ils mourront s'ils ne changent pas leur style de vie, nous avons tendance à penser que la plupart d'entre eux choisiront de changer. Le choix n'est pas difficile à faire. Mais la recherche démontre que plus de 70 % de ces patients ne changent pas leurs habitudes. J'en ai donc conclu qu'il est au moins tout aussi important de savoir intégrer les perles de sagesse à notre vie que de les connaître.

Je suis persuadé que les cinq perles de sagesse qui sont révélées dans cet ouvrage : *demeurez fidèle à vous-même, ne laissez aucun regret derrière vous, devenez amour, vivez le moment présent et donnez plus que vous ne recevez* – constituent les fondements essentiels du bonheur et d'une vie significative. Et je suis pratiquement certain qu'un grand nombre d'entre vous connaît déjà une ou plusieurs de ces perles de sagesse *avant* de lire ce livre. Votre cœur vous en a parlé toute votre vie. Mais comment mettre ces perles de sagesse en pratique au quotidien ? Comment *agir* maintenant que nous *savons* ? Je crois que les entrevues que nous avons réalisées permettent de répondre à ces questions.

L'apprentissage naturel : comment apporter des changements dans votre vie

Dans ce chapitre, nous examinerons divers moyens d'apporter des changements et puis d'appliquer plus particulièrement cette connaissance à l'intégration des cinq perles de sagesse dans notre vie. Pour comprendre la façon dont nous pouvons apporter des changements dans notre vie, il suffit d'examiner le processus d'apprentissage naturel qui est à la base du développement de tout être humain. Par processus d'apprentissage naturel, j'entends le processus grâce auquel nous acquérons la majorité des habiletés nécessaires à la vie quotidienne, comme le langage et les habiletés motrices.

L'acquisition du langage est un excellent exemple d'apprentissage naturel. Pendant mes nombreuses années d'études, j'ai étudié six langues (le latin, le grec, l'hébreu, le français, l'espagnol et l'italien). Malgré tout, je demeure incapable de les parler couramment ou d'écrire plus d'une phrase complète dans une autre langue que l'anglais. Cependant, je parlais couramment l'anglais alors que je n'étais âgé que de quelques années, même si les linguistes s'entendent pour dire que cette langue est difficile à apprendre. Pourquoi un enfant maîtrise-t-il sa langue maternelle et puis, devenu adulte, est-il incapable d'en maîtriser une autre, même en suivant des cours ?

Une partie de la réponse à cette question se trouve dans le fait que nous, les êtres humains, apprenons naturellement en observant, en écoutant et en expérimentant. Cette acquisition précoce du langage n'est pas le fruit d'un enseignement formel. Nous observons plutôt nos parents appeler les choses par leur nom. Nous les écoutons parler entre eux et apprenons comment les mots sont agencés. Avec seulement quelques petites rectifications, nous apprenons le vocabulaire et puis nous mettons ces mots ensemble pour former des phrases. Nous apprenons naturellement en observant, en imitant et en expérimentant.

Il en va de même pour la marche. Comment avons-nous appris à marcher? Je me rappelle encore le jour où ma fille aînée, Lena, a fait ses premiers pas. Cela faisait un certain temps qu'elle arrivait à se tenir debout; et puis un jour, dans la salle de bain, ma femme qui se trouvait à 1,5 m de distance lui a dit: «Viens». Encouragée par sa mère, Lena s'est alors dandinée vers elle en riant. Elle avait appris à marcher sans aucune leçon formelle. Mais comment? Encore une fois, la réponse est simple: c'est grâce à l'apprentissage naturel. Elle a observé et puis s'est exercée jusqu'à ce qu'elle réussisse.

On peut également décrire ce processus d'apprentissage naturel comme étant composé de deux étapes simples: l'*observation* et l'*expérimentation*. Nous prêtons attention à ce qui se passe autour de nous, et nous essayons de faire des choses. Et tout au long de ces deux étapes, nous nous autocorrigeons jusqu'à ce que nous maîtrisions l'exercice.

Transposons maintenant ce simple concept de l'apprentissage naturel à l'apport de changements dans notre vie d'adulte. Si la prise de conscience est la première étape du processus d'apprentissage naturel, alors nous pouvons dire que *nous agissons en fonction de ce que nous savons*. Cette idée toute simple peut avoir une grande influence sur la façon dont nous apportons des changements dans notre vie. *Nous devenons ce à quoi nous prêtons attention. Plus nous entretenons quelque chose dans notre conscience, plus nous avons tendance à agir en fonction de cette connaissance.*

Ce à quoi nous prêtons attention grandit

Il y a quelques années, nous avons réalisé une étude à laquelle ont participé plusieurs centaines de personnes qui tentaient d'apporter des changements simples, mais importants dans leur vie (par exemple, perdre du poids, faire de l'exercice plus régulièrement, se nourrir plus sainement, s'exprimer davantage, être plus équilibré, etc.). Nous avons réuni toutes ces personnes et puis avons ensuite séparé le groupe en deux. Chaque groupe a été guidé tout au long d'un processus visant à déterminer les changements qu'il souhaitait apporter dans sa vie (*savoir*).

Ensuite, nous avons proposé à chaque groupe une méthode de mise en pratique différente (*agir*). Les individus formant le premier groupe ont décidé de se fixer des objectifs très précis, tels que courir trois fois par semaine, ne manger que des aliments sains pendant dix semaines, etc. On leur a demandé de mettre ces objectifs par écrit et de les réviser une fois par semaine pendant les douze semaines à venir.

Les individus formant le deuxième groupe ont utilisé une méthode très différente pour apporter les changements voulus. Nous leur avons distribué de petites cartes et leur avons demandé d'y inscrire quelques mots ou expressions qui leur rappelleraient les changements qu'ils voulaient apporter dans leur vie (manger sainement, être plus actif, s'exprimer, s'accorder des loisirs). Nous leur avons ensuite demandé de garder ces cartes sur eux, où qu'ils aillent, pendant les semaines à venir. Ils devaient les relire entre 10 et 20 fois par jour, afin d'être bien conscients des choix qu'ils faisaient. Donc, ils devaient garder ces cartes sur eux, les relire souvent et les emporter partout. Nous leur avons également demandé de faire preuve d'indulgence avec eux-mêmes, de ne pas s'engager dans un dialogue intérieur négatif, et de tout simplement demeurer conscients de leur objectif tout au long de chaque journée.

Douze semaines plus tard, les deux groupes avaient fait des progrès, mais l'un deux avait apporté beaucoup plus de changements que l'autre (jusqu'à trois fois plus) – et c'est le groupe à qui l'on avait conseillé la méthode des cartes. *Grâce au simple fait de prêter attention au changement voulu, celui-ci a pu être apporté.*

Il est utile de scinder cette expérience et de comprendre pourquoi le simple fait d'entretenir consciemment une idée se traduit par des changements significatifs. N'oubliez pas que nous apprenons «naturellement» en observant et en expérimentant. C'est ainsi que nous apprenons à accomplir les tâches les plus complexes dès notre plus jeune âge: la marche et notre langue maternelle. En entretenant cons-ciemment une idée, nous reproduisons ce processus naturel. C'est en ayant constamment quelque chose en face de nous et en expérimentant que nous créons le changement.

Pourquoi est-ce que le simple fait de transporter quelques cartes est supérieur à l'établissement d'objectifs? C'est une question importante. Je crois que la réponse est simple. Bien que l'établissement d'objectifs nous sensibilise, il peut avoir un effet négatif sur la phase d'expérimentation.

Par exemple, l'individu qui se fixe l'objectif d'aller courir trois fois par semaine peut très bien réussir. Cependant, qu'arrivera-t-il s'il se blesse la première semaine et est incapable de faire de l'exercice la semaine suivante ? Qu'arrivera-t-il s'il se rend compte qu'il n'aime pas beaucoup faire du jogging ? Il est fort probable qu'il aura le sentiment d'avoir échoué et qu'il abandonnera toute tentative de changement. De plus, il ratera probablement tout au long de chaque jour de nombreuses autres occasions de devenir plus actif.

Comparez cet individu à celui qui garde sur lui une carte où sont inscrits les mots « être plus actif et en meilleure forme physique ». Parce qu'il relit cette carte entre 10 et 20 fois par jour, il est davantage porté à prendre des décisions qui auront un effet salutaire sur sa santé. Après avoir relu cette carte, il choisira peut-être de prendre l'escalier au lieu de l'ascenseur, ou d'aller faire une promenade à l'heure du repas au lieu de rester assis derrière son bureau. En relisant cette carte, il pensera peut-être à téléphoner à un ami pour l'inviter à jouer au tennis. La prise de conscience entraîne l'expérimentation. Bien entendu, l'établissement d'objectifs et la prise de conscience peuvent être combinés pour de meilleurs résultats, mais s'il me fallait suggérer une seule méthode pour vous aider à apporter des changements dans votre vie, j'opterais pour la méthode des cartes.

Je crois qu'il pourrait être utile ici de vous donner quelques exemples de l'application de cette technique. Il y a environ 8 ans, j'ai fait une douloureuse constatation. À l'âge de 41 ans, j'ai compris que j'avais une excellente carrière, une merveilleuse famille et que je connaissais des centaines de gens. Mais j'ai également compris que je n'avais pas de véritables amis. J'avais mis tant d'énergie dans mon travail que je n'avais pas fait de place à l'amitié dans ma vie adulte. Cela a été plutôt terrorisant de constater que je n'avais pas noué d'amitiés durables en 40 ans. Je savais qu'il me fallait faire quelque chose, mais quoi ?

J'ai suivi mon propre conseil et j'ai écrit le mot « amis » sur une carte que j'ai pris l'habitude de conserver sur moi. Entre 10 et 20 fois par jour, je prenais cette carte et y jetais un coup d'œil. En toute honnêteté, je dois avouer que les premières semaines ont été assez déprimantes, car chaque fois que je relisais cette carte, je me rendais compte à quel point j'avais été négligent avec cet aspect de ma vie. Je me suis efforcé de faire preuve d'indulgence envers moi-même et de tout simplement prendre conscience de l'importance que l'amitié avait pour moi : *prêter attention.*

Après environ deux semaines, j'ai décidé que si je voulais me faire quelques amis, je devais tout d'abord trouver quelques « candidats », un peu comme une liste de filles à inviter au bal de fin d'année de l'école secondaire. J'ai donc dressé la liste de tous les gens que je connaissais qui, à mon avis, pourraient devenir des amis. J'ai inscrit six noms sur cette liste. Au cours des quelques mois qui ont suivi, j'ai téléphoné à ces gens et je les ai invités à dîner, à prendre un café et, à l'occasion, à participer à un événement social. Je ne leur ai pas dit : « Je cherche des amis et vous figurez sur ma liste ». J'ai seulement commencé à leur prêter attention et à expérimenter sur le moment.

Une expérience que j'ai vécue à cette époque illustre le pouvoir singulier de la méthode des cartes. J'étais alors membre du conseil d'administration d'un organisme à but non lucratif. Un soir, après une longue réunion et après avoir calculé le nombre d'heures de sommeil que je souhaitais m'accorder, je me préparais à rentrer à la maison. Un autre membre du conseil, Bryan, m'a demandé si j'avais envie de l'accompagner au restaurant. J'étais sur le point de décliner son invitation lorsque j'ai senti la présence de la carte dans ma poche. Bryan ne faisait pas partie de ma liste, mais il semblait être une personne que j'aimerais connaître. La carte a transformé mon «non» en «oui». Et Bryan est bientôt devenu mon ami.

J'ai gardé cette carte sur moi pendant près de 18 mois. À la fin de cette période, j'avais 6 amis, dont 3 figuraient sur ma liste originale. Aujourd'hui, des années plus tard, chaque fois que je pense à cet aspect primordial de ma vie, mon esprit évoque l'image de cette carte et me ramène doucement à ce qui compte vraiment.

Ayant enseigné cette technique pendant de nombreuses années, j'ai pu recueillir plusieurs témoignages relativement au pouvoir que la «carte» peut exercer pour apporter des changements dans la vie des gens. Une femme m'a raconté que c'était la relation qu'elle entretenait avec son beau-fils qu'elle souhaitait par-dessus tout améliorer. «Nous nous querellons sans cesse, a-t-elle dit, et selon lui, c'est parce que je réagis toujours négativement, je crois.»

Elle a donc écrit ces quelques mots sur une carte: «Ne pas réagir aux propos de Nathan.» En l'espace de deux mois, elle dit que sa relation avec lui a radicalement changé, pour le mieux. Chaque fois qu'elle était sur le point de réagir négativement, elle se rappelait la carte qu'elle portait sur elle et modifiait son approche. Elle dit que la récompense a été énorme en matière de bonheur personnel.

Et un homme m'a dit qu'il avait décidé de faire preuve de plus de gentillesse envers tous les gens qu'il croisait, ainsi qu'envers tous ceux qu'il chérissait le plus. Il a commencé à porter une carte sur lui partout où il allait. En l'espace de quelques semaines seulement, il a constaté que les gens faisant partie de sa vie, au travail comme à la maison, ont commencé à noter des changements significatifs chez lui et à se demander ce qui se passait. Il s'était contenté de sourire et de garder la carte dans sa poche. Et quelques mois plus tard, il m'a écrit pour me dire que ses relations avec sa femme et ses collègues s'étaient grandement améliorées grâce à cette petite carte.

Peut-être que vous aussi avez maintenant envie d'inscrire les cinq perles de sagesse sur une carte et de la garder sur vous pendant les mois à venir. Bien que cela ne soit pas une mauvaise idée, je ne vous le recommande pas. Les êtres humains ne sont pas d'excellents «processeurs» parallèles. Si nous tentons d'accomplir trop de tâches en même temps, nous nous retrouvons souvent paralysés et incapables d'agir. C'est comme si tenter d'accomplir trop de choses simultanément équivalait à ne rien faire du tout.

Penchez-vous plutôt encore une fois sur les cinq perles de sagesse que vous révèle ce livre. Laquelle d'entre elles vous semble le plus nécessiter votre attention en ce moment? Concentrez-vous donc sur elle et, si possible, cherchez à canaliser vos efforts sur un aspect précis de celle-ci. Voici quelques exemples. Peut-être estimez-vous que le plus important pour vous actuellement serait d'intégrer à votre vie la troisième perle de sagesse : *Devenez amour.*

Ou peut-être estimez-vous crucial de consacrer davantage de temps à votre famille ? Inscrivez alors sur une carte : «*Devenir amour et consacrer du temps à ma famille*». Peut-être que le plus important à vos yeux est de *ne laisser aucun regret derrière vous (prendre davantage de risques).* Peut-être que, dans le cadre de cette perle de sagesse, vous fixerez-vous comme objectif de faire de nouvelles rencontres. Inscrivez alors sur une carte que vous conserverez toujours sur vous : «*Ne laissez aucun regret derrière moi et faire de nouvelles rencontres.*»

Engagez-vous à conserver cette carte sur vous au cours des prochains mois. Engagez-vous à la relire entre 10 et 20 fois chaque jour. Mais ne vous contentez pas d'y jeter un simple coup d'œil ; soyez *constamment* conscient des choix que vous faites. Engagez-vous à garder cette carte sur vous jusqu'à ce que vous puissiez dire en toute honnêteté que vous avez fait des progrès significatifs et que vous vous rapprochez de votre objectif.

Comme je l'ai dit plus tôt, pendant 18 mois, je ne suis allé nulle part sans la carte sur laquelle j'avais inscrit « amis ». Je ne m'en suis pas départi avant de pouvoir dire en toute honnêteté que j'avais fait de l'amitié une priorité (sans parler de me faire quelques amis). Souvent, lorsque nous tentons d'apporter des changements dans notre vie, nous manquons de persévérance et abdiquons avant que de nouvelles habitudes puissent s'implanter.

Cette technique toute simple consistant à noter votre intention sur une carte et à la garder sur vous peut influer sur de nombreux aspects de la vie. Par exemple, un couple que je connais projetait de créer une entreprise. Tous deux avaient une carrière, mais ils ont inscrit sur une carte leur intention de lancer ensemble une entreprise précise. Plusieurs années plus tard, leur rêve est devenu réalité. Rappelez-vous que le principe clé est le suivant : c'est en entretenant consciemment une idée que nous arrivons tout naturellement à la concrétiser.

Le changement s'amorce par la première question

Mon ami Marshall Goldsmith, l'auteur de *What Got You Here Won't Get You There* et l'un des meilleurs accompagnateurs en perfectionnement personnel du monde, m'a parlé d'une autre technique. Il m'a dit qu'il se pose 18 questions chaque jour, des questions qui l'aident à déterminer si sa vie est «bien ciblée». Ce sont des questions très précises, telles que : *«T'es-tu mis en colère aujourd'hui?»*, *«as-tu été tendre avec ta femme?»* Il s'interroge une fois par jour et tente de répondre honnêtement à ces questions.

Tout comme le fait de porter une carte sur soi, répondre à une liste de questions chaque jour ou chaque semaine est une excellente façon de maximiser le processus d'apprentissage naturel : *observation* et *expérimentation*. En nous posant de telles questions au moins une fois par semaine, ou encore une fois par jour, nous gardons ces préoccupations bien vivantes dans notre esprit. Et cette réflexion nous pousse à explorer de nouvelles avenues et à orienter notre vie de façon à la rendre meilleure.

L'importance de l'autocorrection et de la réflexion dans la quête du bonheur et du sens de la vie est parmi les choses les plus importantes que m'ont enseignées les sages aînés. Les gens que nous avons interrogés n'étaient pas plus sages que le commun des mortels à la naissance. De fait, un grand nombre d'entre eux m'ont parlé de la façon dont ils avaient appris et grandi grâce au simple processus de la réflexion régulière, suivie d'une correction de leur trajectoire. Leur vie était le résultat de nombreux petits ajustements apportés au fil des ans et qui, mis ensemble, avaient modelé le bonheur que les autres voyaient en eux.

Nous pouvons tous connaître une vie mieux remplie si nous réfléchissons davantage. Il suffit de prendre le temps chaque semaine de répondre à une série de questions portant sur les cinq perles de sagesse. Nous pouvons également créer notre propre liste de questions personnelles. À la fin de ce chapitre, je propose 25 questions que vous pourriez vous poser chaque semaine au cours d'une période de réflexion. Voici un exemple (tiré de la section intitulée « Première perle de sagesse : *Demeurez fidèle à vous-même* ») : *«Ai-je vécu selon mes convictions aujourd'hui, cette semaine ? Si oui, comment ? Sinon, en quoi ai-je dévié de mon moi authentique ?»* Cette méthode tient compte des étapes du processus d'apprentissage naturel – *observation et expérimentation*. Mais il y a un autre élément de l'apprentissage naturel qui peut nous aider à nous rendre là où nous voulons aller.

Nous avons vu plus tôt que la plupart des habiletés de base, telles que la marche et le langage, sont acquises grâce à ce processus d'apprentissage naturel. Nous apprenons en observant et en expérimentant. Les cartes et les questions constituent deux approches qui permettent d'enclencher ce processus, surtout si, chaque fois que vous lisez ces cartes ou vous posez ces questions, vous faites un pas de plus en vous demandant quels petits changements vous pouvez apporter dès maintenant pour concrétiser ce dont vous venez de prendre conscience. Toutefois, il y a une autre facette du processus d'apprentissage naturel que je n'ai pas encore abordée.

L'union fait la force

Lorsque nous avons appris à marcher et à parler, nous n'étions pas seuls. La majorité d'entre nous avait un entraîneur. Nos parents, nos frères et sœurs, et d'autres membres de notre famille étaient là pour nous épauler. Lorsque nous prononcions les syllabes «ma ma», ils nous corrigeaient en disant «ma man». Ils étaient également là pour nous encourager. La première fois que vous vous êtes mis debout pour tomber aussitôt, ils n'ont certainement pas dit: «Ce que tu peux être maladroit!», mais fort probablement: «C'est bien, essaie encore. Accroche-toi au bord de la table.» Je me demande si cet apprentissage de la marche et du langage serait possible sans l'aide et les encouragements des autres. Et pourtant, à l'âge adulte, nous tentons souvent d'apporter des changements dans notre vie sans l'aide et les encouragements d'autrui.

Lorsque Marshall m'a parlé des 18 questions auxquelles il répondait chaque jour, il a aussi mentionné qu'il le faisait de concert avec un ami, au téléphone, et qu'ils s'épaulaient et s'encourageaient ainsi l'un l'autre. Pourquoi ne pas faire équipe avec quelqu'un qui a également lu ce livre, quelqu'un qui souhaite mettre les perles de sagesse en pratique? Consultez-vous, encouragez-vous et échangez des idées pour corriger votre trajectoire. C'est l'union qui fait la force.

Voici une autre technique simple pour agir en fonction de ce que l'on sait. Chaque semaine, prenez entre 30 et 60 minutes pour réfléchir à votre vie. Les moines chrétiens ont un dicton: «Restez dans votre cellule et elle vous enseignera tout.» Souvent, c'est lorsque nous prenons le temps de réfléchir que nous arrivons à déterminer ce que nous devons faire. Les réponses se trouvent en nous. L'écoute est une discipline essentielle. Nous n'avons qu'une vie, du moins ici-bas, et le temps file à toute vitesse.

En prenant le temps de réfléchir et d'écouter, nous empêchons notre vie de dériver loin de nos intentions. Plus tôt, j'ai fait une analogie avec le vocabulaire du tir à l'arc en disant que le mot «péché», en grec ancien, signifie «manquer la cible». Lorsque nous nous adonnons chaque jour ou chaque semaine à une séance de réflexion afin de déterminer si nous «touchons la cible», nous apportons tout naturellement les petites corrections qui, au bout du compte, façonneront la vie dont nous rêvons.

Une femme que j'ai interviewée m'a dit: «On ne peut pas écouter son âme en regardant *Les Simpson.*» Nous vivons à une époque où la réflexion est négligée, nos journées étant remplies de tâches et nos soirées de bruit. Notre premier réflexe lorsque nous pénétrons dans une chambre d'hôtel est d'allumer le téléviseur. Cependant, pour vivre pleinement, il est important de savoir apprécier le calme et d'écouter les petites voix paisibles qui murmurent en nous. Engagez-vous à vous accorder un moment de réflexion chaque semaine.

Demandez-vous si votre vie est sur la bonne trajectoire et de quelle façon vous souhaitez changer au cours de la semaine suivante?

Imaginez l'effet qu'auront sur votre vie ces petites auto-corrections après plusieurs années. Comme les intérêts composés calculés sur le solde d'un compte d'épargne, les petits changements apportés dans votre vie s'accumulent et se traduisent par des résultats significatifs. Par contre, si vous ne vous accordez pas ce moment de réflexion, c'est comme si vous accumuliez des intérêts composés sur le solde de votre carte de crédit. Avec le temps, de petits découverts peuvent se transformer en une dette qui ne pourra jamais être remboursée.

Quels sont les rituels dans votre vie?

Les conversations que j'ai eues avec ces sages aînés m'ont également rappelé le pouvoir des rituels. Un grand nombre d'entre eux utilisaient des rituels afin de mieux inté-grer les perles de sagesse à leur vie. Nous avons tendance à associer le rituel avec la religion, mais cela peut tout aussi bien être n'importe quelle pratique ou habitude compor-tementale. Pour certaines personnes, le fait d'aller prendre un café au même endroit chaque matin est un important rituel. Certains rituels ne sont qu'une simple routine, mais d'autres ont le pouvoir, avec le temps, de modeler notre vie.

Joël, 62 ans, m'a parlé de deux rituels qui ont modelé sa vie. Au réveil, il s'adonne à la méditation. «Je remercie Dieu de m'accorder une autre journée et je prends quelques minutes pour me rappeler à quel point il est merveilleux d'être vivant, d'être une entité consciente au milieu de la Voie lactée. Je demande à Dieu de m'aider à vivre pleinement cette journée et à ne pas la gaspiller. » Il a poursuivi en me disant qu'il termine chaque journée avec une autre séance de méditation. « Le soir, je prends le temps de penser à toutes les bonnes choses que cette journée m'a apportées, aussi anodines soient-elles, et pour lesquelles je suis reconnaissant. Et avant de m'endormir, je prie pour qu'une autre journée me soit accordée, pour avoir le privilège de jouir encore de la vie. »

Léa, 58 ans, est une personne extrêmement occupée. Cependant, chaque matin, avant de quitter la maison, elle prend elle aussi le temps de méditer. « Chaque matin, je m'accorde un moment de tranquillité. Souvent, je lis quelque chose qui me mettra dans un bon état d'esprit pour la journée qui s'amorce. Chaque jour, je fais une prière dans laquelle je demande de savoir reconnaître sur ma route les gens pour qui un mot gentil, un sourire ou un remerciement de ma part pourrait changer la vie. Je prie pour que, dans le feu de l'action, je ne rate pas cette occasion. »

Et puis j'ai parlé à Jim, qui m'a dit avoir fait des promenades « enragées » pendant de nombreuses années. Il marchait et ne remarquait que ce qui le mettait en colère dans ce monde. Un jour, il a décidé de faire des promenades de « gratitude ». « Maintenant, lorsque je marche, je pense à tout ce pour quoi je suis reconnaissant dans la vie et je ne me permets aucune pensée négative. Et j'ai constaté que cette nouvelle approche est un don inestimable. »

Il y a plusieurs années, j'ai fait la connaissance d'une infirmière d'âge moyen qui était affectée au service d'oncologie d'un hôpital. Elle était chaque jour témoin d'une grande souffrance. Aussi écoutait-elle toujours la même chanson en se rendant au travail, une chanson qui lui rappelait chaque jour à quel point la vie est un don merveilleux, une chanson qui lui remontait le moral. Elle m'a dit : « Lorsque j'arrive au travail, je suis prête à affronter la journée ! »

Ces témoignages et bien d'autres m'ont fait comprendre que les rituels ont le pouvoir de nous transformer. Je n'ai eu aucune difficulté à imaginer l'impact que des années passées à commencer et à finir chaque journée en remerciant l'univers de lui accorder la vie et en exprimant sa gratitude peuvent avoir sur la vie d'un individu. J'ai compris que le rituel matinal de Léa lui rappelait que l'important était de donner et qu'elle avait ce pouvoir tout au long de la journée. J'ai senti que la chanson dont cette infirmière s'emplissait le cœur chaque matin la mettait sur la bonne trajectoire. Les rituels sont à ce point importants que nous devons bien choisir ceux qui feront partie de notre routine. Il a fallu des années à Jim pour transformer ses promenades « enragées » en promenades de « gratitude ».

Quels rituels font déjà partie de votre vie ? Comment commencez-vous la journée ? Dans quel état d'esprit êtes-vous ? Comment finissez-vous la journée ? Quelle sont les dernières pensées que vous emportez avec vous dans vos rêves ? Quels rituels vous remontent le moral, et quels sont ceux qui vous dépriment ? Avec le temps, à mesure que nous prenons conscience des rituels qui nous façonnent, nous devenons plus aptes à les façonner à notre tour. J'amorce chacune de mes journées en lisant l'énoncé de mes projets personnels à long terme, qui commence par ces mots: «Je suis satisfait.» En lisant cet énoncé chaque matin, j'envoie une prière à mon esprit conscient, lui indiquant la destination où je souhaite aller avant que la journée ne m'emporte dans son tourbillon.

Les pensées et les mots sont l'amorce d'une chaîne puissante qui définit notre vie. Mes conversations avec ces sages aînés m'ont souvent fait penser à un adage que j'ai lu il y a de nombreuses années. «Fais attention à tes pensées, car elles deviennent tes mots. Fais attention à tes mots, car ils deviennent tes actions. Fais attention à tes actions, car elles deviennent tes habitudes. Fais attention à tes habitudes, car elles deviennent ton caractère. Et ton caractère devient ton destin.»

Il existe de nombreuses autres techniques pour transformer la sagesse en action, mais je crois que les méthodes que j'ai proposées ici constituent le fondement de cette démarche. Il ne sert à rien de connaître les perles de sagesse du bonheur et d'une vie significative si nous ne traduisons pas cette connaissance en action. Savoir et agir. L'un ne va pas sans l'autre.

Joël, le futuriste de 62 ans, m'a dit que «l'action sans vision n'est que perte de temps, et que la vision sans action n'est que rêverie». Les perles de sagesse sont la vision, et les méthodes proposées dans ce chapitre sont la voie qui mène à l'action. Connaître les perles de sagesse ne changera pas votre vie, mais les intégrer à votre vie le fera.

Exercice de réflexion
quotidien ou hebdomadaire

Perle de sagesse	Questions
Demeurez fidèle à vous-même (Réfléchissez davantage)	• «Est-ce que cette semaine ou cette journée a été satisfaisante? Qu'est-ce qui pourrait rendre demain ou la semaine prochaine encore plus authentique?»
	• «Cette semaine, ai-je été le genre de personne que je veux être? De quelle manière est-ce que je veux davantage lui ressembler demain ou la semaine prochaine?»
	• «Est-ce que j'écoute mon cœur en ce moment? Quels seraient les avantages pour moi si j'écoutais réellement mon cœur en ce moment?»
	• «Comment est-ce que je veux vivre cette perle de sagesse plus intensément la semaine prochaine?»

Perle de sagesse	Questions
Ne laissez aucun regret derrière vous (Prenez davantage de risques)	• «Est-ce que je me suis laissé gouverner par la peur aujourd'hui ou cette semaine? Comment faire preuve de plus de courage demain ou la semaine prochaine?»
	• «Est-ce que j'ai agi selon mes convictions cette semaine? Comment puis-je le faire encore davantage la semaine prochaine?»
	• «Quel geste est-ce que j'effectuerais dans ma vie dès maintenant si je surmontais ma peur et faisais preuve de courage?»
	• «Qu'est-ce que dirait cette personne âgée qui est assise sur sa véranda à propos des choix que je fais actuellement dans ma vie? Suis-je en train de semer des regrets?»
	• «Comment est-ce que je réagis en ce moment aux revers que je subis dans ma vie? Est-ce que je vais de l'avant ou est-ce que je bats en retraite?»
	• «Comment est-ce que je souhaite mieux intégrer cette perle de sagesse à ma vie la semaine prochaine?»

Perle de sagesse	Questions

Devenez amour
(Aimez davantage)

- «Aujourd'hui ou cette semaine, ai-je fait de la place dans ma vie pour mes amis, ma famille et mes relations?»

- «Aujourd'hui ou cette semaine, ai-je fait preuve de gentillesse et d'amour envers les gens qui me sont chers? De quelle manière est-ce que je souhaite leur manifester davantage d'amour demain ou la semaine prochaine?»

- «Aujourd'hui ou cette semaine, est-ce que j'ai répandu de l'amour et de la gentillesse dans le monde avec chacune de mes interactions? Ai-je agi comme si tout étranger était quelqu'un pour qui je pouvais faire une différence?»

- «Lequel de mes loups ai-je nourri aujourd'hui ou cette semaine? Ai-je passé du temps avec des gens qui me remontent le moral? Ai-je fait preuve d'amour envers moi-même aujourd'hui ou cette semaine? Me suis-je abandonné à un monologue intérieur négatif ou à l'autohypnose? Est-ce que j'ai planté des fleurs ou de mauvaises herbes dans mon esprit?»

Perle de sagesse	Questions
Devenez amour (Aimez davantage)	• «Comment est-ce que je souhaite mieux intégrer cette perle de sagesse à ma vie la semaine prochaine?»
Vivez le moment présent (Appréciez davantage la vie)	• «Est-ce que j'ai pleinement apprécié tout ce que j'ai fait aujourd'hui ou cette semaine? Est-ce que j'étais vraiment "là" ou est-ce que j'ai uniquement fait acte de présence?»
	• «Est-ce que j'ai profité de tous les plaisirs qui m'étaient offerts aujourd'hui ou cette semaine (est-ce que j'ai réellement respiré le parfum des fleurs)? Est-ce que j'ai avancé consciemment dans la vie ou est-ce que je me suis contenté de courir aveuglément?»
	• «De quoi est-ce que je suis reconnaissant aujourd'hui ou cette semaine? Est-ce que je me suis surpris à dire: "Je serais heureux si…"?»
	• «Est-ce que j'ai vécu le moment présent aujourd'hui ou cette semaine, ou est-ce que j'ai laissé demain ou hier me voler le bonheur du jour?»
	• «Me suis-je levé ce matin en disant merci pour cette autre journée qui m'est donnée?»

Perle de sagesse	Questions
Vivez le moment présent (Appréciez davantage la vie)	• «Comment est-ce que je souhaite mieux intégrer cette perle de sagesse à ma vie la semaine prochaine?»
Donnez plus que vous ne recevez (Soyez plus généreux)	• «Cette semaine, ai-je contribué, même par un petit geste, à faire de ce monde un meilleur endroit où vivre?» • «Me suis-je rappelé cette semaine que je fais une différence dans ce monde, même si je n'en ai pas conscience?» • «Ai-je été gentil, généreux et charitable cette semaine? En quoi pourrais-je l'être davantage demain ou la semaine prochaine?» • «Comment est-ce que je souhaite mieux intégrer cette perle de sagesse à ma vie la semaine prochaine?»
Objectif	*La semaine prochaine, je souhaite mettre l'accent sur… (n'inscrivez qu'un seul objectif sur une feuille de papier.)*

CHAPITRE NEUF

Préparez-vous à bien mourir : Les gens heureux ne craignent pas la mort

« Même la mort ne fait pas peur à celui qui a vécu avec sagesse. »

— Bouddha

Mon beau-père est au début de la soixantaine et en excellente santé. L'an dernier, lors d'un souper organisé à la maison, il nous a annoncé de but en blanc qu'il avait réfléchi à sa mort. Il a décrété qu'il ne voulait pas que l'on pleure pendant ses funérailles (et bien sûr, ma femme s'est aussitôt mise à pleurer). Il a poursuivi en disant qu'il était très important pour lui que nous sachions que la mort ne lui faisait pas peur.

« Lorsque j'étais plus jeune, a-t-il dit, j'avais peur de la mort, mais maintenant que je m'en approche, je ne la crains plus. » Cela a été l'un des moments les plus émouvants que j'ai connus dans ma vie : une conversation touchante et remplie d'émotion sur la vie de mon beau-père. Beaucoup de larmes ont coulé, et beaucoup de mots d'amour ont été prononcés. En fin de compte, il a fait un grand cadeau à sa famille en acceptant de parler de ce que nous savons tous : nous mourrons un jour.

Cette conversation a eu lieu environ deux mois avant que nous entreprenions ce que j'ai fini par appeler «le projet des sages aînés». Donc, lorsque nous avons commencé les entrevues, j'ai ajouté une question que je n'avais pas prévu poser au départ : «Maintenant que vous êtes plus âgé, comment vous sentez-vous devant la mort? Non pas la mort en tant que concept abstrait, mais la vôtre. Avez-vous peur de mourir?» Approchant moi-même de la cinquantaine, je voulais savoir comment ces gens qui avaient connu une vie sage et significative se sentaient vis-à-vis de la mort.

Parler de la mort à 200 personnes âgées de plus de 60 ans est très différent que d'en discuter avec des gens de 30 ans ou même de 50 ans. Un grand nombre de ces aînés avaient déjà perdu un être cher (femme, mari, associé, parent ou ami intime), et beaucoup avaient déjà vu la mort de près. Ils m'ont dit qu'ils pensaient plus souvent à la mort à cause de son imminence, ou comme l'a dit Antony, 86 ans : «J'ai dépassé la date du "meilleur avant".» Pour ces gens, la mort n'était plus une lointaine possibilité, mais un élément bien réel de leur paysage mental quotidien.

Le plus beau cadeau que je peux vous faire, à vous lecteur ou lectrice, c'est de vous dire que parmi les 230 aînés interrogés, on pouvait compter sur les doigts d'une seule main ceux qui avaient peur de mourir. Presque tous avaient intégré la notion de la mort dans leur vie. J'ai découvert que l'individu qui vit avec sagesse ne craint pas la mort. Si nous intégrons à notre vie les cinq perles de sagesse exposées dans ce livre, nous n'aurons pas peur de mourir. Si nous n'avons *pas* vécu avec sagesse, si nous n'avons pas vécu selon les perles de sagesse, c'est alors que nous aurons tout à craindre.

L'un de mes grands amis, David Kuhl, est un médecin doué qui a passé beaucoup de temps auprès de patients qui étaient à l'article de la mort (il a écrit un livre merveilleux intitulé *What Dying People Want* en se basant sur ses observations). Lorsque je lui ai parlé de ce que j'avais découvert grâce à ces entrevues, il m'a dit avoir lui-même noté que «les gens heureux n'ont pas peur de mourir». Bien sûr, cela semble un peu ironique, mais il avait remarqué la même attitude chez des mourants plus jeunes. Nous mourons comme nous avons vécu. Si nous avons vécu avec sagesse, nous sommes capables d'accepter la mort comme faisant partie de la vie.

«Je ne suis pas nerveux à l'idée de mourir, m'a dit Bob, 59 ans. Je partirai avec le sourire. Je suis satisfait de la vie que j'ai menée, de l'héritage que je laisse, et de la façon dont j'ai vécu. Je me rappelle que mon père m'a dit qu'il aurait aimé vivre différemment, et je m'étais juré que cela ne m'arriverait pas. Le plus important, c'est de faire ce que nous avons à faire ici-bas, et je l'ai fait.»

Encore et encore, les aînés m'ont dit que lorsque l'on a vécu avec sagesse, on ne craint pas la mort. De fait, lorsque je leur ai demandé quelle était la plus grande crainte que l'on puisse avoir à la fin de notre vie, ce n'est pas de mourir dont ils parlaient, mais de ne pas avoir vécu pleinement.

Tom, 64 ans, est cet autochtone Métis dont le nom spirituel est Grand Bison blanc. Pendant près de 20 ans, il a dirigé des cérémonies spirituelles dans sa communauté. Il m'a dit que dans la tradition de son peuple, la mort n'a rien d'effrayant et qu'elle est considérée comme une phase naturelle du processus de la vie. « Ce que nous craignons de ressentir à la fin de notre vie, c'est un grand inachèvement ; c'est de constater que nous n'avons pas accompli ce que nous devions accomplir dans ce monde. La mort fait partie de la vie, mais pour bien accueillir la mort, il faut avoir vécu pleinement. »

Elsa, 71 ans, a exprimé des sentiments similaires. « La plus grande crainte que l'on puisse avoir à la fin de notre vie, c'est de constater que l'on n'a pas fait tout ce que nous aurions pu faire, que l'on n'a pas réellement vécu. Pour se préparer à la mort, il faut d'abord choisir de vivre pleinement de manière à ne laisser aucun regret derrière soi. »

Un grand nombre des personnes à qui nous avons parlé avaient déjà frôlé la mort. Elles s'entendent toutes pour dire que l'élément le plus intéressant de cette expérience, c'est que cela n'a rien de désagréable : on ne ressent ni peur ni chagrin. Dick, un septuagénaire, m'a parlé de son expérience d'une mort imminente : « Lorsque j'étais dans la cinquantaine, j'ai subi un arrêt cardiaque assez prolongé pendant un électrocardiogramme d'effort. Je me rappelle encore avoir senti que je m'élevais au-dessus de mon corps. J'ai vu le médecin et les infirmières tenter de me réanimer. Je pouvais les entendre dire : « Restez avec nous. Allons, restez avec nous. « Je n'ai pas vu de lumière blanche et je n'ai pas rencontré Jésus, mais j'ai réalisé que ce n'était pas une sensation déplaisante. J'ai ressenti un grand calme. Depuis ce jour, je n'ai plus peur de la mort. »

L'une des plus belles histoires m'a été racontée par Elsa. « Ma mère n'était pas croyante. Lorsque j'étais jeune, j'avais une poupée que j'aimais beaucoup et qui a été détruite. J'ai demandé à ma mère si elle était maintenant au ciel. Elle m'a répondu sèchement qu'on ne va pas au ciel quand on meurt ; on est mort, un point c'est tout ! » Plus tard, Elsa a développé une profonde croyance personnelle, et Dieu a occupé une grande place dans sa vie. Sa mère, cependant, est toujours demeurée athée.

« Lorsque ma mère était mourante, je suis allée m'installer chez elle. Un jour, le temps était très nuageux, très sombre, et les stores étaient ouverts dans sa chambre. Soudain, le ciel s'est éclairci et la lumière a envahi la pièce. Le visage de ma mère a tout à coup exprimé un mélange d'admiration et de paix. Lorsque je lui ai demandé si elle voulait que je ferme les stores, elle m'a plutôt priée de ne pas fermer la lumière. Je lui ai donc demandé ce qu'elle avait vu et elle m'a dit : « C'est si beau, mais je ne peux pas te décrire ce que je vois. Lorsque ton heure viendra, tu verras. « Elle est morte le lendemain. » Au fil des ans, Elsa a gardé ce moment bien vivant dans sa mémoire, car lorsque son heure viendra, elle pourra à son tour voir ce que sa mère a vu.

Beaucoup de gens m'ont parlé de ce moment où ils ont pu entrevoir l'autre côté. Quels que soient leurs systèmes de croyances, ils semblaient avoir trouvé la façon d'intégrer la mort dans leur vie. Lorsqu'ils me parlaient de la mort, je sentais qu'ils étaient habités d'un sentiment de paix. Certains d'entre eux ont eu un aperçu du paradis, d'autres ont eu subtilement conscience d'être reliés à un vaste paysage dont ils étaient issus. Leurs témoignages m'ont fait penser à ces mots de Derek Walcott, ce poète de Sainte-Lucie qui a reçu un prix Nobel de littérature.

Dans son ouvrage intitulé *The Prodigal*, il écrit qu'à l'approche de la mort, il peut voir des dauphins qui dansent devant la proue et le profil de ce lieu où il habite. M. Walcott écrit que, lorsqu'il était plus jeune, il n'aurait jamais pu imaginer ce sentiment de paix qui l'habite maintenant à la fin de sa vie. Comme la mère d'Elsa qui regardait par la fenêtre, et comme mon beau-père qui disait avoir craint la mort lorsqu'il était plus jeune et qui avait maintenant fait la paix avec elle, Derek Walcott avait découvert en lui une tranquillité qu'il n'avait pas soupçonnée.

Certains de ces aînés ont même affirmé que de se préparer à bien mourir est l'une de choses les plus importantes qu'un être humain puisse faire à n'importe quel âge. Jack, 67 ans, m'a dit : « J'ai maintenant l'âge auquel mon père est mort. Je prévois vivre un peu plus longtemps, mais j'ai beaucoup pensé à la mort dernièrement. Je ne suis pas certain de ce qui nous arrive alors, mais je suis serein. Je suppose que si la justice existe, et je crois qu'elle existe, je serai bien traité. Un grand nombre de mes amis sont morts, et j'ai donc eu le privilège d'assister à cet événement. L'un de mes amis était atteint de SLA [maladie de Lou Gehrig], et il avait exprimé le désir d'être entouré de tous ses amis au moment de sa mort.

« Il a mis tout le monde à l'aise et c'est moi qui ai prononcé son éloge funèbre. C'était quelques jours avant sa mort, et il pouvait à peine parler. Il fallait que je me penche vers ses lèvres pour l'entendre, mais il avait gardé le moral et son sens de l'humour. Je me rappelle avoir pensé que je voulais mourir de la même façon.» Lorsque je lui ai demandé ce que signifiait pour lui «bien mourir», il m'a répondu : «Bien mourir, c'est ne pas se plaindre, c'est garder le moral et faire comprendre à ceux qui restent que tout va bien, que ça fait partie de la vie. C'est le dernier cadeau que nous pouvons faire. Notre mort est la dernière influence directe que nous pouvons exercer sur le monde.»

Peut-être nous préparons-nous à bien mourir pendant toute notre vie. Peut-être ne pouvons-nous pas mourir avec grâce si nous n'avons pas appris à vivre, ou peut-être est-ce le contraire. Peut-être ne pouvons-nous pas vivre avant d'avoir assimilé la vérité de notre nature mortelle. Ron, 71 ans, m'a dit que «le dernier cycle du "crépuscule de notre vie" sert à se préparer à mourir, à apprendre à lâcher prise. Tant que nous n'avons pas appris à mourir, nous ne savons pas vivre. Tant que nous n'avons pas bien compris que notre fin nous amalgame à un grand tout, nous ignorons comment vivre notre vie. La mort peut survenir demain ou dans 20 ans. On ne le sait pas. Mais si nous apprenons à l'accepter comme faisant partie de la vie, alors nous pouvons vivre.» La mort donne un caractère d'urgence à la vie, mais étant donné que nous mourrons TOUS, nous ne pouvons vivre avec espoir que si nous acceptons pleinement cette vérité.

Au bout du compte, ces conversations ont démontré que vivre avec sagesse est l'antidote de la peur de mourir. Elles ont également démontré qu'en vieillissant, l'une des tâches les plus importantes qui nous incombent est de nous préparer à bien mourir, à faire un dernier don d'espoir à ceux que nous laissons derrière nous. J'ai aussi découvert que lorsque nous comprenons que nous faisons partie d'un grand tout, notre mort devient un épisode que nous pouvons accepter avec grâce.

En écoutant ces gens parler d'une voix calme et assurée de leur propre mort, j'ai réalisé que la plus grande illusion que l'on puisse peut-être se faire dans la vie, c'est de croire que nous sommes séparés de tout ce qui nous entoure. D'une manière ou d'une autre, ces 200 aînés m'ont dit qu'ils savaient qu'ils seraient réunis dans la mort avec quelque chose de fondamental et que tant que l'être humain ne comprend pas que son moi unique n'est pas isolé, mais connecté à ce grand tout, il sera au désespoir. John, le peintre qui aura bientôt 94 ans, m'a dit : « Nous ne sommes qu'un grain de sable, vraiment, mais nous faisons partie d'un immense paysage, et à notre mort, nous y retrouvons notre place. »

Les moments les plus spirituels que j'ai vécus ont tous eu lieu lorsque j'ai fait l'expérience de cette connexité. Il y a de nombreuses années, je marchais le long d'un ruisseau dans une région montagneuse de l'Italie, près du monastère où John Milton a écrit son poème intitulé *Le Paradis perdu*, un classique. Marchant sur les rives du ruisseau et tentant de trouver ma place dans ce monde, j'ai été ébloui par un sentiment nouveau. Alors que j'écoutais le bruit de l'eau qui dévalait de la montagne, j'ai pris conscience que je faisais partie de quelque chose de plus grand que moi.

Puis, m'agenouillant, seul au bord de ce ruisseau qui coulait là sans doute depuis des millénaires, j'ai plongé ma main dans ses eaux froides. J'ai réalisé que, toute ma vie, j'avais pensé être isolé de ce ruisseau, être une entité existant à l'extérieur de cette toile immense que sont la vie et la création. J'ai compris que je ne faisais qu'un avec le ruisseau et avec l'univers vivant tout entier. J'ai senti une acceptation profonde non seulement de ma place dans le monde, mais aussi du fait qu'un jour je rejoindrais le ruisseau de la vie. Comme Derek Walcott l'a écrit dans une métaphore poétique, j'ai pu voir les dauphins danser devant la proue.

En fin de compte, ces conversations m'ont appris tout autant à bien vivre qu'à bien mourir. J'ai commencé à voir sous un jour nouveau la connexion intime qui existe entre la vie et la mort. Plus jeune, en tant que ministre du culte, j'ai côtoyé des mourants et remarqué que les gens ne meurent pas tous de la même façon. Cependant, je commence maintenant à comprendre que la vie et la mort ne sont pas déconnectées. Nous mourons comme nous avons vécu. Ceux qui ont vécu avec sagesse ne craignent pas la mort; les individus qui ont le sentiment d'avoir vécu pleinement connaissent souvent une mort paisible.

C'est la crainte de ne pas avoir vécu pleinement qui fait que nous avons peur de la mort. Aussi, j'ai découvert que les véritables sages vivent toujours dans l'ombre de la mort. En être conscient nous rappelle qu'il faut vivre le moment présent. Peut-être Ron avait-il raison lorsqu'il m'a dit qu'«il faut intégrer cette connaissance de la mort dans notre vie pour être en mesure de vivre pleinement». Il faut faire la paix avec la mort, ne pas la considérer comme un envahisseur étranger, mais comme faisant partie intrinsèque de la nature humaine. Ce n'est qu'ainsi que l'on trouvera la paix.

CHAPITRE DIX

Une dernière leçon : Il n'est jamais trop tard pour vivre selon ces perles de sagesse

Finalement, ces entrevues m'ont donné une précieuse leçon sur le choix du moment.

Nous avions demandé à des milliers d'individus de nous proposer le nom d'une personne qui avait vécu longtemps et trouvé le bonheur. En réalisant les entrevues, nous nous sommes demandé si ces gens avaient été sages toute leur vie. Étaient-ils nés avec des gènes particuliers ou avaient-ils été élevés par des parents exceptionnels, ou bien étaient-ils tout simplement comme nous tous ?

La méthodologie employée ne nous a pas permis de déterminer le moment précis où les personnes interrogées ont commencé à vivre d'une certaine façon. Mais j'en suis arrivé à la conclusion que certaines d'entre elles avaient vécu selon les perles de sagesse dès leur jeune âge, alors que d'autres ne les avaient intégrées dans leur vie que beaucoup plus tard. Chaque aîné à qui j'ai parlé avait beaucoup appris du processus de la vie et était lentement devenu la personne qui était assise devant moi.

Certains avaient connu des moments décisifs significatifs dans leur vie, souvent à un âge assez avancé, lorsqu'ils avaient découvert ce qui compte vraiment. Donc, le plus important n'est pas le *moment* de la découverte des perles de sagesse, mais la *découverte* elle-même. Peu importe l'âge que nous avons, ou les erreurs que nous avons commises, lorsque nous vivons selon les perles de sagesse, notre vie commence à changer.

Un profond sentiment de grâce est l'une des plus belles qualités que j'ai notées chez ces aînés. Un grand nombre d'entre eux ont dit avoir manqué d'indulgence envers les autres pendant leur jeunesse, mais beaucoup ont dit qu'ils en avaient également manqué envers eux-mêmes. L'un des thèmes dont je n'ai pas encore discuté porte justement sur le fait de vivre sa vie sans la juger. *Vivre* notre vie, c'est l'accueillir une journée à la fois, un moment à la fois, en tentant toujours de mieux comprendre ce que veut dire être humain. La vie ne sera jamais parfaite, et nous serons toujours à la recherche d'un état de complétude. Don, 84 ans, en parle ainsi : « On a vécu la vie qu'on a vécue. Lorsque nous acceptons la vie que nous avons vécue, alors nous commençons à être entiers. » Il se fait l'écho d'un thème récurrent : lorsque nous jugeons notre vie, nous nous diminuons. Plus nous arrivons à éclipser notre besoin de comparer, de concurrencer, d'évaluer et de juger, plus nous nous rapprochons de la sagesse.

En songeant aux cinq perles de sagesse, essayez de résister à la tentation de « juger » votre vie. Posez-vous plutôt la question suivante. *« Comment puis-je vivre selon ces perles de sagesse plus pleinement ? »* L'esprit de jugement nous paralyse en générant un faux sentiment de perfection ou une profonde impression de médiocrité. Nous avons vécu la vie que nous avons vécue, et nous avons maintenant l'occasion de nous épanouir.

Il y a de nombreuses années, j'ai prononcé une allocution sur le thème de l'amour devant un groupe d'hommes d'âge mûr. J'ai mis l'accent sur le fait que, souvent, nous ne traitons pas les gens qui nous sont chers avec gentillesse et amour (et j'ai aussi mentionné ces études dont j'ai parlé plus tôt et qui démontrent que dans une famille moyenne, 14 messages négatifs et critiques sont envoyés aux autres membres de la famille contre un seul commentaire positif chaleureux).

Après mon allocution, plusieurs personnes sont venues discuter avec moi, dont un homme à l'air dur qui a attendu que tous aient terminé avant d'ouvrir la bouche. Il a dit : « C'était très bien. En vous écoutant aujourd'hui, j'ai compris que, pendant toute ma vie, j'ai eu une attitude destructrice avec les membres de ma famille et mon entourage. Ils avaient besoin de mon amour, et ils n'ont reçu que mes jugements ; ils avaient besoin de mon appréciation et ils n'ont reçu que mes critiques ; et ils avaient besoin que je sois une personne positive, et je les ai inondés de ma négativité. Aujourd'hui, votre discours a changé ma vie. Je n'ai qu'un seul regret : j'aurais aimé vous entendre il y a 30 ans, car j'ai gâché ma vie. » Et des larmes se sont mises à couler sur ses joues burinées.

Ses paroles me sont allées droit au cœur. Il s'était soudain rendu compte de la façon dont il avait vécu sa vie et il n'aimait pas ce qu'il voyait. J'ai tenté de trouver quelques mots d'encouragement qui l'aideraient dans son nouveau cheminement et qui pourraient également contribuer à atténuer ses regrets. J'ai cité un proverbe chinois : «Le meilleur *moment pour planter un arbre*, c'était il y a vingt ans, mais aujourd'hui c'est presque aussi bien.» En plantant un nouvel arbre aujourd'hui, il changerait ce que sa vie laisserait en héritage. Il n'était pas trop tard.

Il n'est jamais trop tard pour vivre selon les cinq perles de sagesse révélées dans ce livre et pour façonner l'héritage que laisseront plusieurs autres années de vie. Même une seule année vécue avec sagesse peut effacer de nombreuses années de regrets.

L'entrevue que j'ai réalisée avec John, le peintre de 93 ans qui vit à Toronto, est parmi celles que je préfère. Il y avait une étincelle de curiosité dans ses yeux, une chaleureuse noblesse dans sa voix, et ses mains étaient celles d'un artiste, fortes et soignées. Il avait voué les 30 premières années de sa vie adulte au parti communiste, et bien qu'il croyait encore en ses idéaux, son expérience avec le parti s'était soldée par de nombreuses déceptions. Il gardait toutefois un souvenir serein de cette époque de sa vie : «J'ai appris beaucoup de choses et rencontré beaucoup de gens exceptionnels. On ne peut pas vivre dans le regret ; il faut se dire que l'on a fait de son mieux.»

Sa deuxième carrière lui a apporté honneurs et récompenses en tant qu'éditeur, et lorsqu'il a atteint l'âge où la plupart des gens commencent à s'essouffler, il a commencé à peindre. Il avait plus de 80 ans lorsqu'il s'est mis à exposer ses œuvres, et les propriétaires de galeries ont été étonnés de constater qu'elles se vendaient toutes, ce qui lui a valu exposition après exposition.

La dernière fois où nous nous sommes vus, il était assis sur un banc dans un petit parc, les mains jointes sur ses genoux. «Parfois, lorsque je m'entretiens avec des gens qui sont dans la quarantaine ou la cinquantaine, ils parlent comme si leur vie était presque terminée. Je leur dis toujours : "Écoutez, vous n'êtes un adulte que depuis 20 ou 25 ans. Ce n'est pas long pour découvrir le sens de la vie. Et si vous aviez mon âge, vous auriez une ou deux vies adultes de plus à votre actif. Alors, ne baissez pas les bras." »

Rappelez-vous Elsa, cette septuagénaire qui a eu une enfance très difficile en Allemagne pendant la Seconde Guerre mondiale. Elle m'a raconté que lorsqu'elle regarde des photographies la représentant petite fille, elle a envie d'offrir à cette enfant la vision des choses qu'elle a acquise tant d'années plus tard. «J'ai l'air si triste sur ces photographies, je ne souris jamais. Parfois, j'ai envie de parler à cette enfant, de lui dire de tenir bon et de garder espoir, car ses rêves se réaliseront et elle trouvera le bonheur. Et je veux dire la même chose à tous ceux qui entendront parler de ces entrevues. Si vous tenez bon, si vous continuez à vous épanouir, vous trouverez vos rêves et vous ferez une différence dans le monde.»

J'espère que chaque personne qui lira ce livre connaîtra un jour cette grâce et cette vision de la vie que m'ont offertes ces sages aînés. Cessez de juger la vie que vous avez vécue et allez de l'avant avec la vie que vous pouvez encore vivre.

Quelles que soient les erreurs que vous avez commises et quels que soient les regrets qui jalonnent votre passé, plantez un nouvel arbre aujourd'hui. Commencez à vivre selon les perles de sagesse dès maintenant ou vivez-les avec plus de profondeur. Voilà ce que les sages aînés voulaient que je sache.

Comment ce livre a changé ma vie

Au cours de l'année qui vient de s'écouler, chaque fois que je parlais de ce projet à quelqu'un, des 200 conversations que j'avais eues avec des gens qui avaient vécu longtemps et qui avaient trouvé la sagesse, on me demandait souvent: *«Comment ces conversations ont-elles changé votre vie?»* C'est une excellente question et je veux partager ma réponse avec vous.

Comme je l'ai mentionné dans le prologue, nous étions trois pour réaliser ces entrevues, deux collègues, Olivia McIvor et Leslie Knight, et moi-même. La majeure partie d'entre elles, plus de 200, ont été menées par Olivia et moi. Nous sommes tous deux à la fin de la quarantaine. Par moments, nous avons eu l'impression d'être assis avec nos propres grands-mères ou grands-pères, mais nous avons senti une sorte d'ouverture qui fait souvent défaut avec nos proches. Les gens que nous avons interviewés nous ont parlé de leur vie. Parfois, ils nous ont relaté des souvenirs douloureux et de profonds regrets; et à d'autres moments, ils nous ont raconté des moments joyeux.

Il m'est arrivé d'avoir les larmes aux yeux pendant qu'ils me racontaient de grandes pertes ou des épisodes douloureux. Il m'est également arrivé d'être inspiré et ému. À de nombreuses reprises, j'ai souhaité qu'une entrevue ne finisse pas, car je sentais un profond sentiment de paix m'envelopper en écoutant la voix du sage aîné qui se trouvait devant moi. Une fois, j'ai même pleuré après une entrevue parce que j'avais mis un terme à un moment qui ne se reproduirait jamais, une expérience fugitive de béatitude captée dans le récit de la vie d'un autre être humain.

Les entrevues n'étaient pas encore terminées lorsque j'ai commencé à noter quelques petits changements chez moi. Dans le cadre de mes activités quotidiennes, une image ou un témoignage surgissait soudain dans mon esprit. Par exemple, un homme de 93 ans m'avait raconté qu'il pleurait chaque fois qu'il voyait un coucher de soleil ou un ballet, non pas à cause de l'expérience qu'il vivait, mais parce qu'il ignorait toujours si ce serait le dernier.

Au cours du mois qui a suivi cette conversation, je me suis surpris à savourer des moments particuliers avec beaucoup plus d'intensité. Soudain, j'ai pris conscience que peu importe notre âge, on ne sait jamais quand nous verrons notre dernier coucher de soleil. Et en commençant à vivre chaque journée en y prêtant profondément attention, les couchers de soleil me sont apparus plus colorés, et mes moments de joie sont devenus plus intenses.

Avec le temps, il m'est arrivé de plus en plus souvent de repenser à des mots ou à des expressions entendues pendant ces entrevues. L'image de ces gens et leurs témoignages continuaient à résonner dans ma tête. Si je marche en ronchonnant, je pense à cet homme qui fait des promenades de «gratitude». À mon réveil le matin, je dis merci pour cette nouvelle journée, comme Joël m'a conseillé de le faire. Lorsque je rencontre un étranger, je me rappelle le récit de ces aînés qui ont découvert des années plus tard qu'ils avaient fait une différence dans la vie d'un parfait inconnu, et je fais preuve de gentillesse envers lui. Chaque fois que je me surprends à juger ma vie, je pense à tous ces gens qui m'ont dit de la vivre au lieu de la juger, et chaque fois que je me sens satisfait, je pense à cet homme qui m'a dit que «le bonheur est dans notre tête».

L'un de ces aînés m'a parlé d'un épisode de sa vie alors que, jeune homme, il travaillait dans une usine. Un de ses collègues, un homme d'âge mûr, avait perdu la moitié d'un bras dans un accident de travail. Chaque jour, il levait son bras artificiel et implorait Bill de s'instruire afin qu'il ne connaisse pas le même sort que lui. «De nombreuses années plus tard, je peux encore le voir, assis là, m'exhortant à ne pas faire les mêmes erreurs que lui. J'ai souvent repensé à lui, une sorte de Capitaine Crochet tenant son bras artificiel par la pince et me disant d'être prudent.» Les entrevues sont terminées, mais j'ai souvent cette même impression, comme si ces aînés brandissaient devant moi les vérités qu'ils avaient partagées avec moi et me demandaient de m'engager sur la même voie.

Les entrevues ont modifié ma perception de la mort et ma perception de la vie. Dans notre société, nous ne parlons pas très ouvertement de la mort. Elle nous entoure pendant toute notre vie, mais nous prétendons ne pas la voir, comme si en parler pouvait la provoquer ou comme si on pouvait l'éviter en l'ignorant. Pendant ces entrevues, j'ai eu des conversations honnêtes et souvent intimes au sujet de la mort. Jour après jour, je posais cette question sans hésitation ou même sans avoir l'air de m'excuser : «Maintenant que vous êtes plus âgé, que vous inspire la mort, *non pas le concept abstrait de la mort*, mais *votre propre mort* ? »

Ces aînés m'ont enseigné que celui qui a vécu avec sagesse ne craint pas la mort. Oui, les gens heureux peuvent avoir peur de souffrir, de devenir un fardeau pour les autres, mais ils n'ont pas peur de mourir. Et maintenant, lorsque je pense à ma propre mort, il m'arrive souvent de ressentir la paix que j'ai entendue jour après jour dans la voix de ces gens qui me disaient calmement : «J'ai bien vécu et, au moment de ma mort, je serai prêt. »

Lorsque nous avons vécu, nous pouvons mourir. J'ai également appris que tant que nous n'admettons pas que la mort fasse partie de la vie, nous ne pouvons pas vivre pleinement. La mort est à la fois notre plus grande enseignante et une amie déguisée. Ce n'est que lorsqu'on reconnaît que nos jours sont comptés que l'on peut vivre avec le sentiment d'urgence qui permet de découvrir ce qui compte vraiment. En vivant maintenant comme si aujourd'hui pouvait être mon dernier coucher de soleil, j'ai constaté que j'étais beaucoup plus présent.

Et surtout, ces entrevues m'ont rappelé certaines choses que je savais déjà, mais que j'avais oubliées dans le tourbillon de la vie moderne. Elles m'ont rappelé qu'il faut savoir s'arrêter et jouir pleinement de la vie, aimer davantage, ne laisser aucun regret, être fidèle à soi-même et donner plus que l'on reçoit si l'on veut faire partie de quelque chose de plus grand que nous.

C'est avec Don que j'ai réalisé l'une des entrevues les plus inspirantes. Elle a duré plus de deux heures et, à la fin, mes larmes ont jailli. Tout d'abord, je n'ai pas su pourquoi je pleurais, et puis j'ai réalisé que, pendant ces deux heures, j'avais su être en présence de la sagesse, d'une connaissance très ancienne. Pendant deux heures, j'avais été témoin des perles de sagesse qui font l'essence même de l'être humain, et je ne voulais pas que cette expérience prenne fin. Je trouvais sans cesse de nouvelles questions à poser, pour étirer le temps. Finalement, je n'ai pas eu le choix et j'ai dû mettre un terme à l'entrevue.

Pendant de nombreux mois par la suite, j'ai échangé des courriels avec Don. Une fois, nous avions même convenu de nous retrouver dans un restaurant non loin de chez lui, à Baltimore, mais mon voyage d'affaires a été reporté. Je lui ai écrit que, la prochaine fois que je serais de passage à Baltimore, nous nous verrions sans faute. Je me suis dit plusieurs fois qu'il fallait que je lui téléphone, mais je n'ai jamais pris le temps de le faire. Quatre jours avant de finalement m'envoler pour Baltimore, j'ai reçu un courriel laconique avec les mots suivants dans la case « objet » : Nous vous informons du décès de Don Klein. Je n'ai jamais eu une réaction aussi émotive à l'idée d'ouvrir un courriel. Je me suis refusé à le faire pendant des heures, croyant en quelque sorte que ce ne serait pas réel tant que je ne l'aurais pas lu.

Il y avait tant de questions que j'aurais voulu poser à Don, tant de choses que j'aurais voulu savoir. Je voulais encore une fois avoir cette impression de me trouver en présence de la sagesse. Et surtout, j'aurais voulu lui dire que ses propos et ceux d'autres aînés m'avaient transformé et que mon livre changerait la vie de nombreux individus. Les mots entendus dans une autre de mes entrevues préférées résonnent à mes oreilles : « Ne comptez pas sur le bourrage de crâne, si vous devez faire quelque chose, alors faites-le maintenant. » Pendant que je fixais mon écran, ces mots me sont apparus comme un bel adage, et le chagrin a déferlé en moi. Je me suis senti accablé à l'idée de ne plus jamais parler à Don.

Lorsque j'ai ouvert le courriel, j'y ai trouvé une lettre de son fils. Il y décrivait les dernières semaines de la vie de son père. Sa vie s'était terminée comme il l'avait vécue pendant 83 ans. Il venait de faire une croisière sur l'Atlantique avec son frère et s'était ensuite rendu en Californie pour y donner une conférence sur sa grande passion, l'amour. C'est en regagnant son siège qu'il s'était effondré. Toutes les tentatives de réanimation avaient échoué. Il était décédé dans les bras de l'un de ses meilleurs amis.

Dans mon bureau, j'ai réécouté l'enregistrement de son entrevue. Il disait : « J'ai un problème cardiaque depuis près de 20 ans et il m'est déjà arrivé d'avoir une défaillance. L'équipe de secours est arrivée et m'a réanimé. Je n'ai pas vu une lumière blanche, mais j'ai ressenti une grande paix ; je savais que tout irait bien. Depuis, je n'ai plus peur de la mort. Ma vie a été un don merveilleux. Lorsque mon heure viendra, je serai prêt. » J'ai souri à travers mes larmes. Je savais qu'il était mort en paix ; il avait découvert les cinq perles de sagesse et vécu selon elles.

J'ai continué à l'écouter parler de sa femme qu'il avait épousée 56 ans auparavant. Il décrivait comment il l'avait vue pour la première fois sur une piste de danse au collège, comment il avait surmonté sa timidité et comment ce petit risque avait changé sa vie. Lorsque je lui avais demandé s'il sentait encore sa présence, il m'avait répondu : « Oh oui, elle est partie depuis maintenant six ans, mais je sens sa présence chaque jour. Lorsque l'amour vous touche, il ne meurt jamais. »

M'appuyant sur le dossier de mon fauteuil, j'ai fermé les yeux, et le sentiment d'être en présence de la sagesse m'a de nouveau enveloppé. L'amour de ces quelques centaines de personnes m'avait profondément touché. Elles marcheront à mes côtés jusqu'à la fin de mes jours.

La perle de sagesse de la vie en une phrase ou moins

Nous avons demandé aux aînés que nous avons inter-viewés de nous révéler, en une phrase ou moins, la perle de sagesse d'une vie heureuse et valorisante. Nous les avons invités à confier cette perle de sagesse aux générations suivantes. Dans certains cas, ils ont dépassé cette limite d'une phrase, mais il faut dire qu'il n'est pas facile de résumer une vie entière en quelques mots.

Voici quelques-unes de leurs perles de sagesse :

« Il y a des funérailles qui durent 10 minutes et d'autres 10 heures. Vivez votre vie de manière à ce que les gens aient envie de s'attarder pour parler de vous et de la façon dont votre vie les a touchés. »

— Ken Krambeer, *barbier du village*, 64 ans

« Reconnaissez que vous êtes né avec la capacité de faire votre place dans le monde ; vous n'êtes pas esclave des circons-tances ; ne vous prenez pas au sérieux, ne vous laissez pas piéger par les idées qui sont dans votre tête ; elles ne sont pas le reflet de la réalité. »

— Donald Klein, *psychologue et auteur*, 84 ans

« Ne comptez pas sur le bourrage de crâne. J'ai toujours dit à mes étudiants : "si vous écoutez votre cœur, laissez un héritage et vous concentrez sur ce qui compte vraiment, cela fonctionnera". »

— George Beer, *physicien et professeur à la retraite*, 71 ans

« Aimez quelqu'un profondément et soyez profondément aimé de quelqu'un ; faites preuve de passion avec vous-même, dans votre curiosité et votre exploration, et AGISSEZ. »

— William Hawfield, 64 ans

« Pour trouver un sens à la vie, vous devez lâcher prise devant les opinions de la société et des gens, et regarder à l'intérieur de vous en faisant preuve de discipline – prière, méditation – afin de trouver ce qui compte le plus pour vous et d'orienter votre vie dans cette direction. »

— James Autry, *poète et auteur*, 73 ans

« Si vous êtes malheureux, attelez-vous à faire quelque chose pour quelqu'un d'autre. Si vous ne pensez qu'à vous, vous serez malheureux. Si vous aidez les autres, vous serez heureux. C'est dans l'altruisme et l'amour que l'on trouve le bonheur. »

— Juana Bordas, *auteure*, 64 ans

« Bannissez le mot "ennui" de votre vocabulaire, et profitez pleinement de chaque moment qui passe, car vous ne le vivrez plus jamais. »

— Max Wyman, 65 ans

«Agenouillez-vous et embrassez la terre, soyez reconnaissant d'exister, aimez-vous, aimez ceux qui vous entourent, et jouissez à fond de la vie.»

— Craig Neal, 60 ans

«Rappelez-vous que vous faites partie de quelque chose de plus grand que vous.»

— Antony Holland, *acteur*, 86 ans

«Trouvez votre passion et faites-en une réalité.»

— Lea Williams, *auteure et éducatrice*, 58 ans

«Trouvez une activité que vous aimez et faites-en votre carrière.»

— Paul Hersey, *auteur*, 76 ans

«Ma mère me disait d'être "fidèle à moi-même" — c'est un conseil judicieux qui vous rapportera de gros dividendes si vous apprenez à être fidèle à vous-même — à être fidèle à tout ce qui compte vraiment pour vous. Cela exige de la réflexion et on ne peut pas écouter son âme en regardant les *Simpson*.»

— Jim Scott, *courtier en valeurs immobilières*, 60 ans

«L'héritage que vous laissez est à l'image de la vie que vous avez vécue. Nous laissons un héritage chaque jour de notre vie — par des gestes anodins, de petites décisions, parce qu'on ne sait jamais quel impact auront les choses ou quand nous aurons nous-mêmes un impact sur le monde.»

— Jim Kouzes, *auteur*, 61 ans

« Apprenez à aimer les gens, car si vous le faites, cela vous fera voyager – sachez toujours voir ce qu'il y a de bon chez les autres. »

— John Boyd, *peintre*, presque 94 ans

« Je ne peux pas donner un conseil à quelqu'un en une seule phrase parce qu'il me faudrait d'abord connaître cette personne. Je dis donc : apprenez à vous connaître et sachez ce que vous voulez créer dans votre vie, et ne le perdez JAMAIS de vue. »

— Elsa Neuner, 72 ans

« Mangez sainement, soyez actif et investissez toujours votre énergie de manière à rendre votre communauté plus juste et plus heureuse. »

— William Gorden,
professeur de communication et activiste, 77 ans

« Voyez toujours ce qu'il y a de bon chez les autres, et vous ne serez pas déçu, car chaque personne a beaucoup de bonté en elle. N'enviez pas les autres, car vous avez des dons et des talents différents. »

— Eileen Lindesay, 78 ans

« Apprenez à quitter le bateau plus souvent. »

— Don, 78 ans

« Vivez chaque journée pour ce qu'elle est, ne vous inquiétez pas de ce qui arrivera ; demain est un autre jour, il sera ce qu'il sera. Apprenez à accepter le moment présent et attendez de voir ce que vous apportera demain. »

— Esther, 89 ans

«Ne vous attardez jamais sur ce qui est négatif dans votre vie. Des choses désagréables se produisent sans cesse. Même dans les pires situations, cherchez le bon côté des choses et vous le trouverez.»

– Rufus Riggs, 63 ans

«Vivez votre passion et soyez au service des autres.»

– Laura Lowe, 61 ans

«Instruisez-vous, trouvez qui vous êtes, d'où vous venez et là où vous allez, et n'oubliez pas qui vous êtes.»

– Ralph Dick, *chef autochtone*, 66 ans

«Vous devez apprendre qui vous êtes à l'intérieur, analyser vos sentiments, les comprendre. C'est le secret de la connaissance de soi. Si vous savez qui vous êtes, vous serez bien ancré tout au long de votre vie. Si tout est un mystère pour vous, vous aurez des problèmes.»

– Mark Sherkow, 60 ans

«Ne laissez pas tomber le rideau trop tôt. Il y a toujours un rappel ou un quatrième acte.»

– Joci James, 79 ans

«Choisissez une carrière qui vous plaît et qui vous procurera un sentiment d'accomplissement. Cela n'a rien à voir avec le nombre de dollars que vous mettrez dans votre poche de jean. L'argent peut disparaître rapidement, mais le sentiment d'accomplissement perdure. Le soir, vous vous mettrez au lit avec lui et vous dormirez comme un bébé.»

– Gordon Fuerst, 71 ans

« Écoutez les voix qui murmurent à l'intérieur de vous et elles vous diront ce qui est bien et ce qui est mal, elles vous apporteront le bonheur et la paix ; si vous ne les écoutez pas, elles pourront générer de l'anxiété, de l'insatisfaction et de la tristesse. »

— Bert Wilson, 63 ans

« Rappelez-vous que Dieu a le regard tourné vers vous et la main posée sur votre épaule. »

— Robin Brians, 67 ans

« Connaissez-vous et ayez le courage d'être fidèle à vous-même. »

— Clive Martin, 65 ans

« Soyez gentil avez vous-même et avec les autres ; comme ça, vous ne pourrez pas vous tromper. »

— Mary, 87 ans

« Choisissez d'avoir une vie heureuse. Si vous préférez vous concentrer sur ce qui est mal, alors faites-le. Ou vous pouvez vous concentrer sur le lys qui vient d'éclore dans votre cour et l'admirer aujourd'hui ; c'est ce sur quoi l'on se concentre qui compte. »

— Tony, 66 ans

« Soyez bon avec tout le monde, et les gens vous aimeront toujours. »

— Jay Jacobson, 65 ans

« Lorsque j'étais l'entraîneur de mes enfants, et je l'ai été de tous, je leur ai si souvent dit ceci qu'ils n'avaient aucun mal à le répéter : "Donnez tout ce que vous avez, ayez un bon esprit d'équipe et amusez-vous : mettez-y tout votre cœur, soyez honnête, jouez franc jeu et ne prenez pas la vie ou votre petite personne trop au sérieux. Je préfère la victoire à la défaite, mais c'est la partie qui compte." »

—Jack Lowe, *propriétaire d'entreprise*, 67 ans

« Écoutez votre cœur et devenez la personne que vous voulez être dans le monde. »

– Bob Peart, *biologiste et activiste*, 59 ans

« Toute personne a un but bien précis ; et nous avons tous les outils nécessaires pour l'atteindre. »

– Tom McCallum, *Grand Bison blanc*, 60 ans

« Ayez la discipline d'écouter votre cœur, et puis ayez ensuite le courage d'agir en conséquence. »

– Ron Polack, *guérisseur énergétique*, 72 ans

« Ayez autant de plaisir et de joie que possible tout en ne faisant aucun mal aux autres. »

– Lee Pulos, *psychologue*, 78 ans

« Soyez entier ; écoutez-vous avez amour, imaginez votre avenir, un avenir à votre image qui fera une différence dans le monde ; honorez chaque moment de votre vie. »

—Joel Barker, *auteur et futuriste*, 62 ans

« Soyez aussi curieux et respectueux des autres que vous le pouvez, soyez inventif et faites de vos échanges avec les autres des interactions plus excitantes, soyez présent. »

– Susan Samuels-Drake, 68 ans

«Trouvez votre voie et n'en déviez pas.»

— William Bridges, *auteur*, 73 ans

«Payez vos factures! Ne faites pas de l'argent votre but; gérez-le, choisissez un travail qui vous plaira, car vous y consacrerez beaucoup de temps.»

— May, 72 ans

«Demeurez occupé; ne vous ennuyez jamais; trouvez toujours cinq autres choses à faire.»

— Lucy, *infirmière*, 101 ans

«Appréciez chaque journée; faites-vous des amis; évitez les disputes.»

— Alice Reid, 97 ans

«Instruisez-vous le plus possible, écoutez les meilleurs conseillers que vous pourrez trouver, et demandez à Dieu de vous guider.»

— Père John Edward Brown, *prêtre catholique*, 89 ans

«Lorsque j'étais étudiant, j'ai dit à mon professeur d'ébénisterie que le travail que j'accomplissais était "bien assez", et il m'a dit que seule la perfection était bien assez, et que bien assez n'était pas la perfection.»

— Frank, 82 ans

«Demeurez fidèle à vous-même, faites ce qui vous semble bon, soyez entier et faites ce qui fait chanter votre cœur.»

— Carolyn Mann, 67 ans

«Sautez dans la vie à pieds joints, relevez vos manches et salissez-vous, osez vivre, osez aimer, osez communier avec le monde.»

— Ann Britt, 67 ans

«Aimez ce que vous faites et faites ce que vous aimez.»

— Darlene Burcham, 62 ans

«Vivez selon cette règle d'or : traitez tout le monde comme vous aimeriez que l'on vous traite.»

— Wayne Huffman, 68 ans

«Croyez en vous, nous avons tous des dons merveilleux.»

— Jacqueline Gould, 60 ans

«Cherchez à tirer un enseignement du passé, appréciez le présent, et pavez la voie pour un avenir meilleur.»

— Mary Ruth Snyder, 79 ans

«Soyez fort, soyez gentil, et aimez votre prochain.»

— Elizabeth, 85 ans

«Aimez-vous vous-même et le reste suivra.»

— Jeannie Runnalls, 57 ans

«Ne vous laissez pas gouverner par la peur.»

— Felisa Cheng, 65 ans

«Travaillez aussi dur que vous le pouvez, et donnez-vous tout entier à ce que vous faites ; faites toujours de votre mieux. Fixez-vous des buts élevés ; s'ils ne sont pas suffisamment élevés, votre rendement sera à leur image.»

— Muriel Douglas, 72 ans

«Faites le bien si vous le pouvez avec toute personne que vous rencontrez, mais assurez-vous toujours de ne pas lui faire de mal. »

— Bansi Gandhi, 63 ans

«Ayez un profond respect de vous-même et des autres. Ne faites aucun mal aux autres, acceptez-les tels qu'ils sont. »

— Juliana Kratz, 76 ans

«Ne perdez pas de vue votre but et demeurez concentré. Faites-vous confiance et ne déviez pas de votre trajectoire ; vous arriverez à destination. Vous ignorez peut-être comment, mais vous y arriverez. »

— Dyane Lynch, 63 ans

«Ne vous en faites pas pour des riens. »

— John Smith, 82 ans

Comment interviewer les aînés qui gravitent autour de vous

À certains égards, mon cheminement dans l'écriture de cet ouvrage a été l'aboutissement d'une quête personnelle inachevée. Un grand nombre des plus importants mentors dans ma vie sont morts avant que je puisse leur parler de leur vie et de ce qu'ils avaient appris. J'aurais aimé avoir la chance de leur poser les mêmes questions que j'ai posées aux gens que nous avons interviewés dans le cadre de ce projet.

Un grand nombre des personnes que nous avons interrogées nous ont été recommandées par leurs proches, souvent un fils ou une fille. L'un des moments les plus émouvants de ce projet a justement eu lieu après qu'un fils a suggéré que nous parlions à son père. Il nous a dit que son père était sage et qu'il avait découvert le sens de la vie. De toute évidence, cet homme estimait que son père avait quelque chose d'important à léguer au monde. Malheureusement, alors même que nous faisions des démarches pour fixer un rendez-vous avec lui, il est décédé. Mon équipe a été profondément attristée de ne pas avoir eu le temps de l'interviewer. Il ne partagera pas sa sagesse avec nous, du moins pas dans ce livre.

Cela nous a amené à penser que de nombreux lecteurs connaissaient sans doute eux aussi un sage aîné qui avait trouvé le sens de la vie et dont ils aimeraient capter la sagesse avant sa mort, soit pour la partager avec les membres de leur famille ou tout simplement pour en être le dépositaire. Donc, nous avons décidé de partager avec vous les questions que nous avons posées à nos sages aînés, en espérant que cela puisse être le début d'une grande conversation au cours de laquelle chacun d'entre nous cherchera la sagesse chez autrui.

Comme je l'ai mentionné dans le prologue, il y a souvent eu de longs silences entre les questions que nous avons posées et les réponses que ces aînés nous ont données. J'essayais alors d'imaginer quelle serait ma réponse si j'avais l'âge de la personne que j'interrogeais. Donc, j'espère qu'en plus d'utiliser ces questions pour interviewer les aînés qui gravitent autour de vous, vous vous les poserez également à vous-même.

1. Prétendez que vous assistez à une fête d'anniversaire et que tout le monde est assis en cercle. L'hôte invite chaque personne à prendre quelques minutes pour parler de sa vie. Si, votre tour venu, vous vouliez que les gens en apprennent le plus possible sur votre vie pendant ces quelques minutes, que diriez-vous ? Décrivez la vie que vous avez vécue jusqu'à maintenant.

2. Qu'est-ce qui a donné le plus de sens et un but à votre vie ? Pourquoi est-il important que vous soyez vivant ?

3. Qu'est-ce qui vous apporte ou vous a apporté le plus de bonheur dans votre vie, la plus grande joie jour après jour ?

4. Quels sont les principaux moments décisifs de votre vie, ces moments où vous avez choisi une direction plutôt qu'une autre et qui ont fait une différence dans votre cheminement ultérieur ?

5. Quel est le meilleur conseil que vous n'ayez jamais reçu au sujet de la vie ? Avez-vous suivi ce conseil ? Comment l'avez-vous mis en pratique au cours de votre vie ?

6. Qu'auriez-vous aimé apprendre plus tôt ? Si vous pouviez revenir en arrière, à l'époque où vous étiez un jeune adulte, et pouviez avoir une conversation avec vous-même en sachant que vous écouteriez, que vous diriez-vous à propos de la vie ?

7. Quel rôle la spiritualité a-t-elle joué dans votre vie ?

8. Quelle est la plus grande crainte que l'on puisse avoir à la fin de notre vie ?

9. Maintenant que vous êtes plus âgé, comment vous sentez-vous vis-à-vis de la mort ? Non pas la mort en tant que concept abstrait, mais la vôtre. Avez-vous peur de mourir ?

10. Quel rôle la spiritualité et la religion ont-elles joué dans votre vie ? Qu'avez-vous conclu au sujet de « Dieu » ?

11. Complétez cette phrase sur une feuille de papier : J'aurais aimé...

12. Maintenant que vous avez vécu la majeure partie de votre vie, qu'est-ce qui, à vos yeux, compte le plus si l'on veut trouver le bonheur et vivre une vie valorisante ?

13. Maintenant que vous arrivez au crépuscule de votre vie, qu'est-ce qui, à vos yeux, ne compte pas beaucoup si on veut vivre heureux ? À quoi auriez-vous aimé prêter moins d'attention ?

14. Si vous pouviez donner un conseil en une seule phrase à ceux qui sont plus jeunes que vous sur la façon de trouver le bonheur et un sens à la vie, quelle serait cette phrase ?

Liste des personnes interviewées

Les personnes interviewées citées ci-dessous ont accepté que leur nom paraisse dans ce livre. Nous les remercions d'avoir partagé leur sagesse avec nous. Nous remercions également les gens qui n'ont pas voulu que leur nom soit publié ou qui sont décédés avant que nous puissions obtenir leur permission de l'inscrire ici.

Walburga Ahlquist
Abu al-Basri
Fateema al-Basri
James Autry
Ann Ayres

Pravin Barinder
Joel Barker
George Beer
Emily Bell
Juana Bordas
John Boyd
Robin Brians
William Bridges
Ann Britt
Ammod Briyani

Père John Edward
Brown
Darlene Burcham
Ron Butler

Pat Campbell
Olive Charnell
Felisa Cheng
Sylvia Cust

Amy Damoni
Robert Davies
Ralph Dick
Muriel (Jamie)
Douglas
June Dyer

Gerry Ellery
Immanuel
Ephraim

Gordon Fuerst
E. Margaret
Fulton

Bansi Gandhi
Harvey Gold
Maggie Goldman
William Gorden
Jacqueline Gould
David Gouthro

William Hawfield

Orville Hendersen
Pablo Herrera
Paul Hersey
Antony Holland
Lauretta Howard
Wayne Huffman

Abdullah ibn
Abbas

Lamar Jackson
Jay Jacobson
Joci James
Evelyn Jones

Sœur Elizabeth
Kelliher
Loretta Keys
Donald Klein
Ada Knight
Ronald Komas
Jim Kouzes
Ken Krambeer
Juliana Kratz

Jacob Leider
Lucie Liebman

Eileen Brigid
Lindesay
George Littlemore
Martha Lofendale
Dan London
Jack Lowe
Laura Lowe
Dyane Lynch

Gordon Mains
Farolyn Mann
Clive Martin
Tom McCallum
Carlos Montana

Craig Neal
Juanita Neal
Elsa Neuner
Joyce Nolin
Jesse Nyquist

Derek O'Toole

Irene Parisi
Bob Peart
Dick Pieper
Ronald Polack
Lee Pulos

Alice Reid
Rufus Riggs
Felicia Riley
Jeannie Runnalls
Murray Running

Susan Samuels-
Drake
John Sandeen
Jim Scott
Mark Sherkow
John (Jack) Smith
Lynn Smith
Mary Ruth Snyder
Joel Solomon
Jerry Spinarski
May Taylor
Patricia Thomas

Tom Waddill
Harvey Walker
Bryan Wall
Bucky Walters
Esther Watkins
Lea Williams
Bert Wilson
Robert Wong
Max Wyman

Louanges pour Ce qu'il faut savoir avant de mourir

« Ce livre est truffé d'anecdotes et d'intuitions qui viendront élargir votre perspective de la vie et approfondir votre engagement à la vivre pleinement. »

– Brian Tracy, auteur de *Maximum Achievement*,
Avalez le crapaud! et *Flight Plan.*

« Au lieu de dire, au crépuscule de votre vie : "Si seulement j'avais su plus tôt ce que je sais maintenant", vous pouvez acquérir cette maturité dès maintenant! Ce livre est rempli de la sagesse extraordinaire de gens qui ont trouvé un sens à la vie. »

– Marshall Goldsmith,
auteur de *What Got You Here Won't Get You There*

« John Izzo nous révèle des vérités fondamentales qu'il a glanées auprès de nos aînés et qu'il présente de façon prenante et souvent émouvante. Il ne s'agit pas d'un autre de ces ouvrages sur le sens de la vie; il s'agit de l'exploration minutieuse et bien documentée d'un cheminement vers l'épanouissement à une ère où nous en éprouvons plus que jamais le besoin. L'auteur a su insuffler une part de lui-même dans chaque chapitre, et nous avons vraiment le sentiment qu'il nous invite à cheminer à ses côtés tout au long d'un voyage très personnel. Ce cheminement est réjouissant, chaleureux, souvent troublant, émouvant, mais toujours présenté avec sagesse et philosophie. »

– Janet E. Lapp, Ph.D., psychologue, auteure et animatrice de la série *Keep Well*, diffusée à la CBS

« Avez-vous déjà souhaité vous asseoir avec quelqu'un qui est vraiment sage et lui poser quelques questions fondamentales au sujet de la vie ? Alors, que diriez-vous de vous asseoir avec plus de 200 personnes sages ? C'est ce qu'a fait John Izzo et il nous livre ici des vérités que nous ne pouvons pas ignorer. Préparez-vous à des surprises, des provocations et des encouragements – et changez votre vie à tout jamais. Vous voudrez conserver ce livre et en faire un compagnon de tous les instants. Il vous rappellera en douceur qu'il n'est jamais trop tard pour intégrer dans sa vie les vérités qui mènent à la sagesse, à la grâce et au bonheur profond. »

– Dr Kent M. Keith, PDG du Greenleaf Center for Servant-Leadership, et auteur de *The Paradoxical Commandments*

« John a écrit un livre qui transforme l'évidence en essence. Lorsque vous aurez terminé la lecture de ce livre, vous verrez le reste de votre vie sous un jour nouveau. Et vous adorerez cela ! »

– Joel Barker, futurologue

« John Izzo est un maître conteur. Il fait notre éducation en tissant une merveilleuse mosaïque d'anecdotes. Permettez à ce livre de devenir votre mentor ! »

– Beverly Kaye, fondatrice et PDG de Career Systems International, et coauteure de *26 stratégies pour transformer son emploi en travail idéal* et *26 stratégies pour garder ses meilleurs employés*

« *Ce qu'il faut savoir avant de mourir* est un livre charmant et magique, lyrique, poétique et intelligent. À travers des anecdotes racontées par de sages aînés, il nous révèle avec maîtrise le mystère d'une vie bien remplie et significative. C'est un plaisir que de lire cet ouvrage, et ce sera avec encore plus de plaisir que vous mettrez en pratique les leçons simples et pourtant profondes qu'il vous enseigne. »

– James Kouzes, coauteur de *Les 10 pratiques des leaders mobilisateurs* et *A Leader's Legacy*

« C'est avec beaucoup d'émotions que je me suis laissé imprégner par la sagesse de *Ce qu'il faut savoir avant de mourir*. Ce livre révèle en effet une sagesse perdue que seuls quelques-uns de nos aînés préservent encore, nous proposant ainsi des moyens pratiques de donner un sens et une orientation à notre vie. John Izzo, qui a eu le courage de mettre le mot *mourir* dans le titre, nous présente une sagesse profonde et pourtant toute simple sur laquelle baser notre vie et aller droit au cœur de la véritable humanité. »

– David Irvine, auteur de *Becoming Real: Journey to Authenticity* et *The Authentic Leader*

« Les choses que nous croyons savoir sont justement celles que nous avons le plus besoin de réapprendre. Ce livre nous pousse à nous recentrer sur les principes qui permettent de vivre une vie bien remplie. »

– Max Wyman, auteur de *The Defiant Imagination*

« Si vous ne lisez qu'un seul livre cette année, je vous en prie, lisez *Ce qu'il faut savoir avant de mourir*. John Izzo nous a rendu un immense service en faisant la synthèse des perles de sagesse d'une vie heureuse et significative. Il nous fait don d'un extraordinaire ouvrage rempli de sagesse. »

– Larry C. Spears, président émérite et membre agrégé du Greenleaf Center for Servant-Leadership

À propos de l'auteur

Auteur primé, défenseur de la culture organisationnelle et de la durabilité environnementale, John B. Izzo, Ph.D., a consacré sa vie et sa carrière à susciter la réflexion sur les valeurs personnelles, la culture d'entreprise, la réalisation de soi, le leadership des dirigeants et la véritable définition du « succès ». Déjà à l'âge de 12 ans, John Izzo voulait faire sa part en influençant et en inspirant les gens. Il a travaillé avec des milliers de leaders, de professionnels et d'employés de première ligne afin de promouvoir des milieux de travail propices à l'excellence, à l'atteinte des buts, à l'apprentissage et au renouvellement. Il a animé des retraites sur l'instauration de la durabilité, l'amélioration des aptitudes de leadership et la réalisation de soi, tant professionnelle que personnelle. Et il a interviewé des milliers de personnes et entretenu un contact avec elles afin d'assurer que leurs besoins soient exprimés et compris. Ses croyances, sa sagesse et son expérience ont aidé les gens à découvrir des moyens pratiques de créer des milieux de travail engagés et de vivre une vie positive et significative.

John Izzo a obtenu un baccalauréat en sociologie à la Hofstra University en 1978 pour ensuite entreprendre un double programme de maîtrise (en théologie à la McCormick

Divinity School et en psychologie organisationnelle à l'université de Chicago). Il a ensuite obtenu un doctorat en communication organisationnelle à la Kent State University. Il a fait partie du corps professoral de trois grandes universités et il est l'ancien président du conseil d'administration du Sierra Club et de la Société pour la nature et les parcs du Canada.

Le Dr Izzo a partagé des tribunes autour du monde avec des politiciens, des environnementalistes, des idoles du monde des affaires, des directeurs de fondation et des magnats du cinéma tels que Ken Blanchard, Bill Clinton, David Suzuki, Oprah Winfrey, Peter Mansbridge, Jane Fonda et le Dr Brian Little, et on le sollicite pour prononcer plus de 100 discours par année.

Il a écrit et publié plus de 600 articles, et il est l'auteur de 3 best-sellers nationaux : *Second Innocence*, *Values Shift* et *Awakening Corporate Soul*. Les travaux de recherche et les opinions de John Izzo ont fait l'objet de reportages et d'articles diffusés et publiés par *Fast Company*, CNN, Wisdom Network, Canada-AM, *ABC World News*, *Working Woman*, le *Wall Street Journal*, les magazines *McLean's* et *INC*. Il collabore aussi régulièrement à des publications telles que le *Globe and Mail* et le magazine *Association Management*.

En 2007, le Biography Channel et le Dr Izzo ont produit une série de cinq épisodes intitulée « The Five Things You Must Discover Before You Die ». Cette série est actuellement en ondes sur le Biography Channel au Canada, ainsi que sur la chaîne PBS aux États-Unis.

Né et ayant grandi sur la côte est des États-Unis, le Dr Izzo vit maintenant avec sa femme et ses enfants dans une région montagneuse près de Vancouver, au Canada. Pour plus d'information sur le Dr Izzo et ses collègues, consultez les sites Web suivants:

www.drjohnizzo.com

ou

www.theizzogroup.com